胸《むね》キュン?!
日本史《にほんし》

著 堀口《ほりぐち》茉純《ますみ》
イラスト 瀧波《たきなみ》ユカリ
4コマまんが RICC《リッカ》

集英社

♥プロローグ

はじめまして！　この本を書いた堀口茉純《ほりぐちますみ》といいます。あだ名は、ほーりーです。以後、お見知《みし》りおきを！

あなたにとって〝日本史〟ってどんな存在《そんざい》ですか？「ムズカシそう」「苦手」という、どちらかといえばネガティブな印象をもっていますか？　それとも「興味《きょうみ》がある」「好き」というポジティブな印象をもっているでしょうか？

私は〝日本史〟は「日本の歴史をつくった人びとの人間ドラマ」だと思っています。なので、子どものころにハマってから今日まで、ずっと変わらず「なんておもしろいんだろう！」と思っています。

おもしろいからテストでは〝日本史〟だけは、毎回クラスで一番の成績《せいせき》でした。ほかの教科は最下位あらそい常連《じょうれん》でしたけどね（笑）！

だからね、いま読んでくれているあなたにも、歴史上の人物に興味《きょうみ》をもってもらい、「〝日本史〟っておもしろいね」と、いっしょに楽しむ仲間になってほしいのです。

そのためにご紹介《しょうかい》するのは、歴史上の人物の人生のなかで、ドラマチックな節目となる〝胸《むね》キュン〟な瞬間《しゅんかん》。

もともと〝日本史〟が苦手な人でも、〝胸《むね》キュン〟という切り口なら「こんな恋愛《れんあい》あこがれる〜」「○○カッコイイ！」「○○カワイイ♥」と、歴史上の人物に親しみを感じていただけるのではないでしょうか。

また、〝日本史〟が好きな人にも、〝胸《むね》キュン〟をテーマにすることで、「へ〜、この人にこんな一面があったんだ」という新たな目線で、ますます歴史上の人物を好きになるきっかけになればうれしいです。

ちなみに、この本は、最初から順番に読みすすめる必要はありません。

第1章は、激動《げきどう》の戦国時代《せんごくじだい》のカップルを、第2章は、それぞれの時代を代表するような有名人が恋愛結婚《れんあいけっこん》したケースをとりあげました。第3章では、いっしょにいた時間は短かったけどおたがいに深い愛《あい》をそそぎあった大恋愛《れんあい》カップルを、第4章は、支《ささ》えあって試練をのりこえた夫婦《ふうふ》を。そして、番外編は、愛《あい》が激《はげ》しすぎてドンびきしてしまうような?! 個性《こせい》的なカップルをとりあげています。

「もくじ」をざっと見て、なんとなく興味《きょうみ》があるな、おもしろそうだな、と思ったところから読んでみてください。

また、各カップルのイラストをチェックして、ビビッときたところから読んでいくというのもオススメですよ！
瀧波《たきなみ》ユカリ先生は、カバーイラストと、各カップルの特徴《とくちょう》をとらえたステキなイメージイラストを描《えが》いてくださいました。また、RICCA《リッカ》先生は、有名な話や本文に入りきらなかったエピソード、カップルにより親しみがわくような、おもしろネタの4コマまんがを描《えが》いてくださいました。

なお、先生方には、登場人物を現代の美意識《びいしき》に近づけて、カラフルにポップに仕上《しあ》げていただきました。各時代の〝リアルな〟メイク事情《じじょう》は私のおまけイラスト（「ほーりーのモテメイク講《こう》座《ざ》」p40、p70、p96、p124）で紹介《しょうかい》しているので、興味《きょうみ》があればのぞいてみてね。

各章の終わりは、「胸《むね》キュン通信」というページ。〝日本史〟上の恋愛《れんあい》は、現代の恋愛《れんあい》とはだいぶ事情《じじょう》がちがいます。また、本編《ほんぺん》でとりあげきれなかった有名カップルもたくさんいます。そういう情報《じょうほう》をおぎなうコラムですので、よければ参考にしてください。

前置きが長くなりました。〝日本史〟をいろどる歴史上の人物たちの〝胸《むね》キュン〟物語《ものがたり》、ゆっくりとお楽しみくださいませ！

もくじ

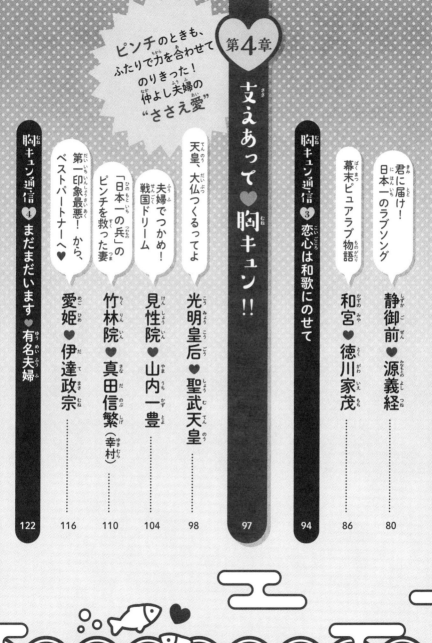

第4章　支《ささ》えあって♥胸《むね》キュン!!

ピンチのときも、ふたりで力《ちから》を合《あ》わせてのりきった！仲《なか》よし夫婦《ふうふ》の“ささえ愛《あい》”

番外編

三角関係《さんかくかんけい》？ かけおち？
大《おお》げんか？ 激《はげ》しすぎて
周囲《しゅうい》は大迷惑《だいめいわく》?!
かもしれないけど…
これも愛《あい》？

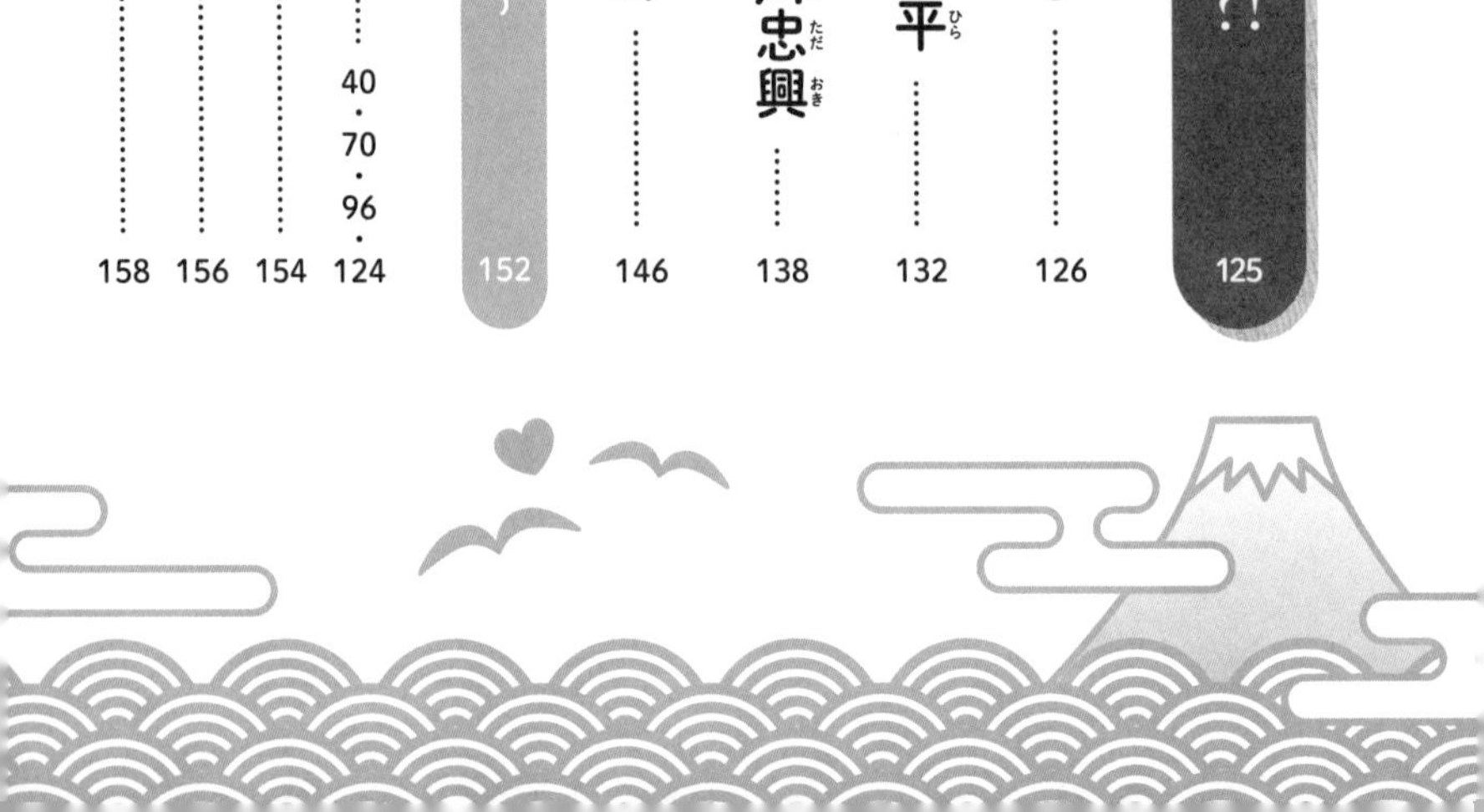

参考にした資料《しりょう》（史料《しりょう》）について

この本の中の“胸《むね》キュン”なエピソードは、正史《せいし》とよばれる公式記録や一次史料《しりょう》とよばれる同時代の記録からだけでなく、どんなカップルだったのかがよくわかるような、ゆかりの地に伝わっているいいつたえ＝伝承《でんしょう》や、後世《こうせい》の人が書いた書物＝二次史料《しりょう》の記録、本当かどうかたしかめるすべはないが、事実として語りつがれてきた話＝逸話《いつわ》からもとりあげました。

伝承《でんしょう》や二次史料《しりょう》、逸話《いつわ》のなかには、「できすぎている、つくり話だ！」といわれているものもあります。こういう場合は注意書きなどで補足《ほそく》していますので、受けとめかたはあなた自身で決めてください。

個人《こじん》的には、伝承《でんしょう》や二次史料《しりょう》、逸話《いつわ》のなかにも真実が隠《かく》れている可能性《かのうせい》はあるし、正史《せいし》や一次史料《しりょう》だからといって真実が書かれているわけではないと思っています。

今回とりあげたカップルは、必ずしもハッピーエンドをむかえるわけではありませんし、なかには人にはいえない秘密《ひみつ》の恋愛《れんあい》だったケースもあります。正史《せいし》や一次史料《しりょう》には残りにくい話が、彼《かれ》らをしたう人びとの間でひそかに語りつがれてきたこともあったと思うのです。

そして、正史《せいし》や一次史料《しりょう》は、権力《けんりょく》者にとって都合の悪い情報《じょうほう》は消されたり、改ざんされている可能性《かのうせい》があります。それに、そういう史料《しりょう》に、女性《じょせい》関連の情報《じょうほう》や、恋愛《れんあい》にまつわるプライベートなことが書かれていることは、残念ながらとてもすくないのです。

私が直接現場《ちょくせつげんば》に行って真実を確認《かくにん》して、あなたにお話しすることができれば一番いいんですが、そういうわけにもいきません。

なので、この本では伝承《でんしょう》や二次史料《しりょう》、逸話《いつわ》などをふくめて、いろいろな見方や説をご紹介《しょうかい》することにしました。「本当はこうだったんじゃないかな？」と自分なりに想像《そうぞう》をふくらませてみてください。それも歴史の楽しみ方のひとつだと、私は考えています。

本文《ほんもん》（「胸《むね》キュン通信」のぞく）の中で、よりくわしい説明が必要と思われる言葉はこのように色を変え、ページの上部に註《ちゅう》を入れています。また、右横に線が引いてある箇所《かしょ》については、「こぼれ話」として、ページの下部に、関連したエピソードなどを記しています（左の見本参照）。

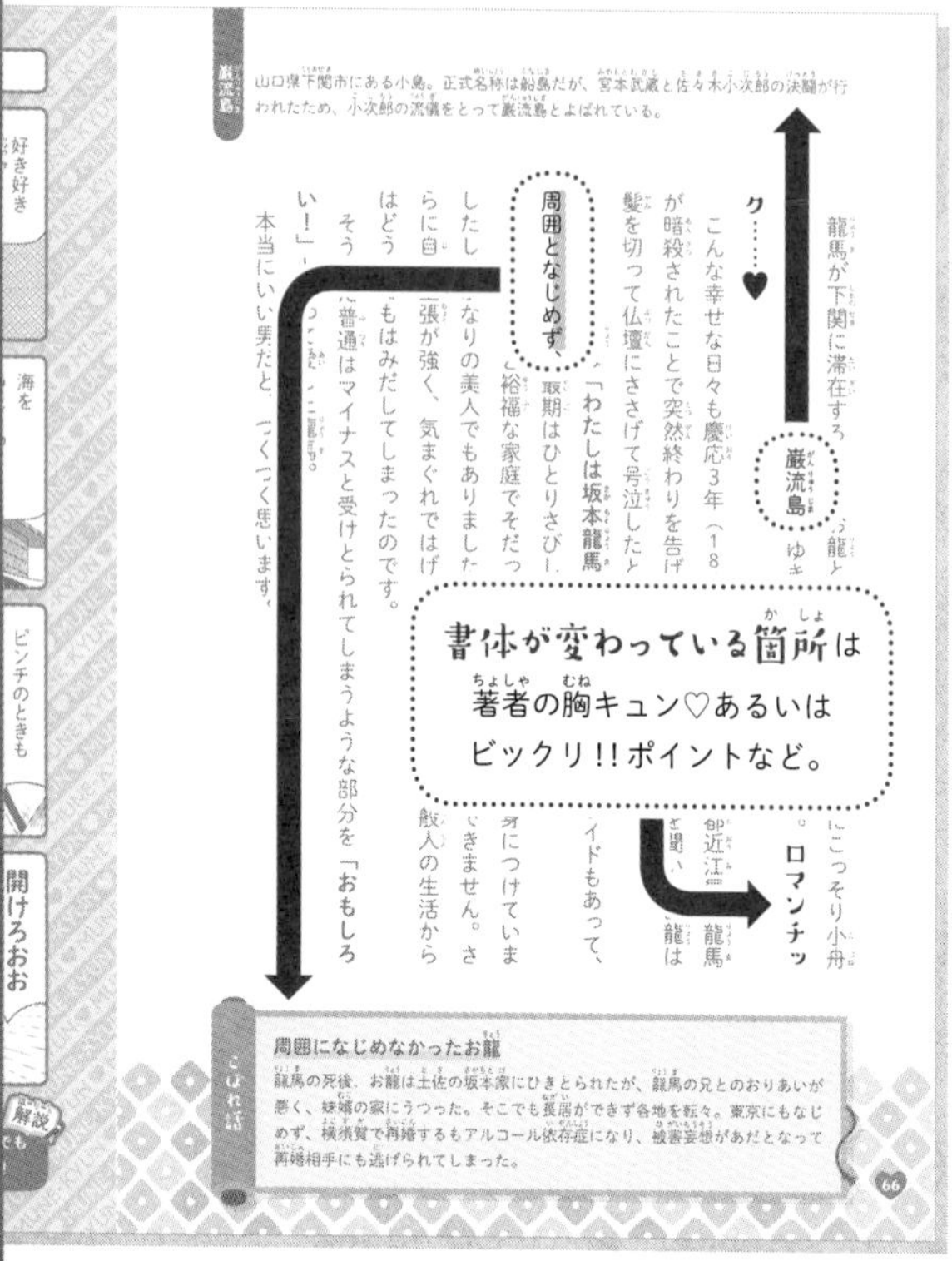

この本では、事件《じけん》や出来事などの年数は、「和暦《われき》（西暦《せいれき》）」としてあらわし、月日《がっぴ》は旧暦《きゅうれき》で表記します。また、人物の年齢《ねんれい》は数《かぞ》え年《どし》（生まれたときを一歳《さい》として、新年をむかえるごとに年をひとつ加える数え方）で表記します。

いくつかの説《せつ》がある場合、おおよそ通説《つうせつ》とされているものに原則《げんそく》したがっています。参考にした資料《しりょう》（史料《しりょう》）については9・158・159ページをご参照ください。

本書《ほんしょ》に掲載《けいさい》しているイラスト、4コマまんがは、おもに歴史上の有名な人物を描《えが》いていますが、表現《ひょうげん》にはフィクションを含《ふく》んでいます。

第1章

戦《せん》国《ごく》❤胸《むね》キュン!!

激動《げきどう》の戦国時代《せんごくじだい》。
敵《てき》も味方《みかた》も
そんなの関係《かんけい》ない?!
強《つよ》い絆《きずな》で
結《むす》ばれています…!

お市《いち》 ♥ 浅井長政《あざいながまさ》

キイワード

【政略結婚《せいりゃくけっこん》】

政治《せいじ》や戦略的《せんりゃく》な事情《じじょう》で、本人たちの意思に関係なく、家族や親せきが家の利益《りえき》のために決めた結婚《けっこん》。戦国時代《せんごくじだい》は、大名《だいみょう》どうしの同盟強化《どうめいきょうか》のために、政略結婚《せいりゃくけっこん》があたりまえにおこなわれていました。

浅井長政's PROFILE

天文《てんぶん》14年（1545年）
〜天正元年《てんしょうがん》（1573年）9月1日
戦国武将《せんごくぶしょう》。色白＆体格《たいかく》がいい。

信長《のぶなが》の野望

お市《いち》の兄は、織田信長《おだのぶなが》（p32参照）です。信長《のぶなが》は、子どものころはド派手《はで》なファッションや奇抜《きばつ》な行動で大人をこまらせる問題児でした。しかし、父のあとをついで織田家《おだけ》のトップになると、戦国武将《せんごくぶしょう》としての才能《さいのう》が花ひらき、尾張《おわり》（愛知県西部）、美濃《みの》（岐阜県南部）の二か国を自分のものにします。

ノリにノった彼《かれ》は、さらに京都《きょうと》への進出を計画。京都《きょうと》へ行くには近江国《おうみのくに》（滋賀県）をとおる必要があったので、安全なルートを確保《かくほ》するために、近江国《おうみのくに》の有力な戦国武将《せんごくぶしょう》・浅井長政《あざいながまさ》とおたがい協力しあう関係になることを約束、つまり同盟《どうめい》を結びます。

同盟《どうめい》のあかしとして、信長《のぶなが》が長政《ながまさ》の結婚《けっこん》相手と

お市's PROFILE

天文《てんぶん》16年（1547年）？
〜天正《てんしょう》11年（1583年）4月24日

織田信長《おだのぶなが》の妹→浅井長政《あざいながまさ》の正室《せいしつ》。
じっさいの年齢《ねんれい》より若《わか》くみえる美人。

聖地《せいち》 滋賀県・小谷城跡《おだにじょうあと》

お市《いち》＆長政《ながまさ》の暮《く》らした城《しろ》。
石垣《いしがき》や土塁《どるい》がのこる。

土豪《どごう》 ある土地で勢力《せいりょく》をもつ一族のこと。浅井家《あざいけ》は古くから北近江《きたおうみ》の一部に力をもつ土豪《どごう》だった。土豪《どごう》よりさらに広い範囲《はんい》で力をもつと、戦国大名《せんごくだいみょう》とよばれるようになる。

してさしだしたのが妹・お市《いち》でした。いわゆる政略結婚《せいりゃくけっこん》です。

現代では、兄の都合で結婚《けっこん》相手を決められちゃうなんて冗談《じょうだん》じゃない！ というかんじですが、当時の戦国大名《せんごくだいみょう》にとってはあたりまえ。お市《いち》は信長《のぶなが》の野望をかなえるため、浅井家《あざいけ》が織田家《おだけ》に対して不利な動きをしないか見張《みは》るという、大事な役割《やくわり》をせおって嫁入《よめい》りしたのです。責任重大《せきにんじゅうだい》！ 戦場で男性《だんせい》たちが戦《たたか》うように、家と家のはざまで女性《じょせい》たちも戦《たたか》っていました。

なんだか殺伐《さつばつ》とした結婚生活《けっこんせいかつ》になりそう？ 夫《おっと》になる浅井長政《あざいながまさ》はいったいどんな人物なのでしょうか。

長政《ながまさ》は超《ちょう》ハイスペック！

長政《ながまさ》は近江国《おうみのくに》北部の土豪《どごう》の家に生まれました。浅井家《あざいけ》は彼《かれ》が幼《おさな》いころに争いに負けて領地《りょうち》をうしない、有力な戦国大名《せんごくだいみょう》・六角家《ろっかくけ》にしたがっていましたが、成長すると家臣たちと相談して浅井家《あざいけ》のリーダーになり、六角家《ろっかくけ》と戦《たたか》って見事勝利！ 浅井家《あざいけ》は長政《ながまさ》の力で六角家《ろっかくけ》から独立《どくりつ》した戦国大名《せんごくだいみょう》になりました。

武将《ぶしょう》として超将来有望株《ちょうしょうらいゆうぼうかぶ》↑。織田信長《おだのぶなが》が自分の同盟《どうめい》相手に、そして大事な

こぼれ話

六角家《ろっかくけ》から独立《どくりつ》したい！

六角家《ろっかくけ》は、家臣の娘《むすめ》と長政《ながまさ》の縁組《えんぐみ》を強引《ごういん》に決めるなどして、浅井家《あざいけ》より優位《ゆうい》な立場を強調した。長政《ながまさ》は「いつか六角家《ろっかくけ》から独立《どくりつ》したい！」と心《こころ》に決め、縁組《えんぐみ》した娘《むすめ》と離縁《りえん》して丁重《ていちょう》に実家《じっか》に帰したあと、六角家《ろっかくけ》と戦って独立《どくりつ》を勝ちとった。長政《ながまさ》には、こうと決めたら必ずやりとげる行動力があったのだ。

六角家《ろっかくけ》 近江国《おうみのくに》に一大勢力《せいりょく》をきずいていた戦国《せんごく》大名《だいみょう》。

妹の結婚《けっこん》相手に選ぶのもうなずけますね。

しかも、性格は律義《りちぎ》でまじめ、おまけに高身長&がっしりした男らしい体《たい》格《かく》という、現代の言葉でいうと、いわゆるハイスペック男子です♥

ちなみにお市《いち》も、**〝無双《むそう》の美人〟〝ゆたかな髪《かみ》とつややかな顔、柳《やなぎ》のようにしなやかな体で、桃《もも》の花が露《つゆ》をふくんでいるようなみずみずしい美しさ〟**と絶賛《ぜっさん》された美女《びじょ》でした。

政略結婚《せいりゃくけっこん》とはいえ、ふたりは、だれもがうらやむお似合《にあ》いカップル。夫婦《ふうふ》仲も良好で、子宝《こだから》にもめぐまれ、長女・茶々《ちゃちゃ》、次女・初《はつ》が生まれ、一家は幸せに暮《く》らしましたとさ。めでたしめでたし……と、いうわけにはいかなかったのです。

お市《いち》の決断《けつだん》

浅井家《あざいけ》との同盟《どうめい》のおかげで、信長《のぶなが》の京都《きょうと》進出作戦は無事成功!

信長《のぶなが》はますます勢《いきお》いにのり、ほかの大名《だいみょう》も京都《きょうと》にのぼって挨拶《あいさつ》をするように命令しました。しかし、越前国《えちぜんのくに》（福井県北部）の戦国大名《せんごくだいみょう》・朝倉家《あさくらけ》が無視《むし》し

こぼれ話

子宝《こだから》にもめぐまれ……お市《いち》と長政《ながまさ》の子どもたち

お市《いち》と長政《ながまさ》は３人の娘《むすめ》にめぐまれた。娘《むすめ》たちは、その後の歴史に大きく影響《えいきょう》をあたえた。長女・茶々《ちゃちゃ》は豊臣秀吉《とよとみひでよし》の側室《そくしつ》になり、跡《あと》つぎの秀頼《ひでより》を産んだ。次女・初《はつ》は、京極高次《きょうごくたかつぐ》の正室《せいしつ》になり、大坂《おおさか》の陣《じん》で和平交渉《こうしょう》に力をつくした。三女・江《ごう》は江戸幕府《えどばくふ》２代将軍《しょうぐん》・徳川秀忠《とくがわひでただ》の正室《せいしつ》となり、３代将軍《しょうぐん》・家光《いえみつ》を産んだ。

信長《のぶなが》はここで
長政《ながまさ》うらぎりの
情報《じょうほう》を知ります
一乗谷《いちじょうだに》（朝倉義景《あさくらよしかげ》）
越前《えちぜん》
金ケ崎城《かねがさきじょう》
美濃《みの》
若狭《わかさ》
小谷城《おだにじょう》（浅井長政《あざいながまさ》）
信長《のぶなが》の朝倉討伐《あさくらとうばつ》のルート
尾張《おわり》
近江《おうみ》
伊勢《いせ》
三河《みかわ》
京《きょう》

たため、ほろぼすことにします。↑怖《こわ》っ

いよいよ朝倉家《あさくらけ》の陣地《じんち》に攻《せ》めこもうとしたそのとき。思いもよらないしらせが飛びこんできました。**「浅井長政《あざいながまさ》が、……うらぎりました！」**

信長《のぶなが》は、はじめ信じようとしませんでした。妹と仲むつまじく、自分にとっても義理《ぎり》の弟である長政《ながまさ》が、まさかうらぎって朝倉《あさくら》に味方するはずがないと思ったのです。しかし、そのあとも長政《ながまさ》うらぎりのしらせが、各方面からぞくぞくととどきます。信長《のぶなが》は急きょ朝倉《あさくら》攻《ぜ》めを中止して京都《きょうと》にもどりました。

長政《ながまさ》が信長《のぶなが》との同盟《どうめい》をやぶったのには、よっぽどのわけがあったのでしょう。しかし、これはお市《いち》との別れを意味していました。同盟《どうめい》がやぶられれば、政略結婚《せいりゃくけっこん》による縁組《えんぐみ》も無効《むこう》になり、女性《じょせい》は

あまりにデキすぎな話なので後世《こうせい》の創作《そうさく》ではないかともいわれている。

こぼれ話

長政《ながまさ》うらぎりのしらせはお市《いち》からもとどいていた？

このときお市《いち》から小豆《あずき》を袋《ふくろ》づめにして両端《りょうたん》を紐《ひも》でしばった陣中見舞《じんちゅうみま》いがとどいた。これはお市《いち》からの暗号《あんごう》メッセージ。袋《ふくろ》の両端《りょうたん》をしばることで**「お兄さまは正面に朝倉《あさくら》、背後《はいご》にうらぎった浅井《あざい》、両方から包囲《ほうい》されてます」**ということをあらわし、信長《のぶなが》は浅井《あざい》のうらぎりが本当であるとさとったという。カンよすぎ?!

実家《じっか》にもどるものだったのです。
ところがお市《いち》は、なんと織田家《おだけ》には帰らず、浅井家《あざいけ》に残る道をえらびました。そして、長政《ながまさ》のもとで三女・江《ごう》を出産します。
信長《のぶなが》の妹としてではなく、浅井長政《あざいながまさ》の妻《つま》として生きる。これがお市《いち》の決断《けつだん》でした。

戦国《せんごく》の華《はな》、美しく散る

大激《げき》怒《ど》した信長《のぶなが》は、朝倉家《あさくらけ》とともに浅井家《あざいけ》もほろぼすことにします。↑怖《こわ》っ
やがて、長政《ながまさ》やお市《いち》たち家族の居城《きょじょう》である小谷城《おだにじょう》への総攻撃《そうこうげき》がはじまりました。
自害《じがい》を覚悟《かくご》した長政《ながまさ》に、お市《いち》は**「自分もいっしょに死にたい！」**とたのみました。しかし長政《ながまさ》はおだやかに、こうこたえます。
「あなたの気持ちはよくわかる。でも、花のようにかわいい娘《むすめ》たちの命をうばってしまうのはあまりにかわいそうだ。どうか娘《むすめ》たちとともに生きてほしい」

小谷城《おだにじょう》 近江国《おうみのくに》の浅井長政《あざいながまさ》の居城《きょじょう》。このときの戦《たたか》いは、天正元年《てんしょうがんねん》（1573年）、「小谷城《おだにじょう》の戦《たたか》い」とよばれる。

自害《じがい》 刀剣《とうけん》などを使い、自分で死ぬこと。

こぼれ話

長政《ながまさ》うらぎりのよっぽどのわけとは？

浅井家《あざいけ》は、昔からピンチになったときには朝倉家《あさくらけ》に助けてもらってきた恩《おん》があった。このため、長政《ながまさ》は信長《のぶなが》に**「朝倉家《あさくらけ》を攻撃《こうげき》するときはかならず前もって相談してください」**とたのんでいたという。しかし、信長《のぶなが》は独断《どくだん》で朝倉家討伐《あさくらけとうばつ》をはじめてしまった。長政《ながまさ》は、こうした信長《のぶなが》の自己《じこ》チューぶりを許《ゆる》すことができなかった?!

北《きた》ノ《の》庄城《しょうじょう》 越前国《えちぜんのくに》（福井県）の柴田勝家《しばたかついえ》の居城《きょじょう》。お市《いち》と３人の娘《むすめ》たちも住んでいた。

本能寺《ほんのうじ》の変《へん》 p21参照。

３人の娘《むすめ》たちと生きてほしい。これが愛《あい》する夫《おっと》が最期《さいご》に願うことならば、自分は妻《つま》として、それにこたえなければ。お市《いち》はそう思いました。彼女《かのじょ》は、長政《ながまさ》への思いをふりきって、娘《むすめ》たちをつれて小谷城《おだにじょう》を脱出《だっしゅつ》。城《しろ》に残った長政《ながまさ》は、妻《つま》と子を見おくったあと自害《じがい》しました。

その９年後、「本能寺《ほんのうじ》の変《へん》」で兄・信長《のぶなが》が家臣の明智光秀《あけちみつひで》に討《う》たれ、お市《いち》は信長《のぶなが》に古くから仕《つか》えていた武将《ぶしょう》・柴田勝家《しばたかついえ》と再婚《さいこん》することになりますが、その勝家《かついえ》も豊臣秀吉《とよとみひでよし》と対立してやぶれ、北ノ庄城《きたのしょうじょう》にのがれます。

秀吉《ひでよし》の総攻撃《そうこうげき》を前に、勝家《かついえ》はお市《いち》に逃《に》げるよう説得しましたが、彼女《かのじょ》は「**小《お》谷城落城《だにじょうらくじょう》のとき、城《しろ》から逃《に》げて、あんなにつらい思いをしたのに、どうしてまた逃《に》げられるでしょうか**」と言って脱出《だっしゅつ》を断固拒否《だんこきょひ》。子どもたちのためとはいえ、長政《ながまさ》を残して城《しろ》から逃《に》げて生きのびたことが、大きなしこりになっていたのです。

お市《いち》は、長政《ながまさ》の望みどおり立派《りっぱ》にそだてあげた三姉妹《しまい》が脱出《だっしゅつ》したのを見とどけて、自分は炎上《えんじょう》する城《しろ》に残って、その生涯《しょうがい》に幕《まく》をおろしました。

このとき彼女《かのじょ》は30代後半になっていたはずですが、年齢《ねんれい》よりはるかに若《わか》く、とても美しくみえたといいます。

こぼれ話

三姉妹脱出《しまいだっしゅつ》の勝算

お市《いち》は、３人の娘《むすめ》たちには、自分が書いた秀吉宛《ひでよしあて》の文をもたせ、家臣に身の安全を守らせて城《しろ》の外に送りだした。信長《のぶなが》の部下だった秀吉《ひでよし》なら、信長《のぶなが》の姪《めい》にあたる娘《むすめ》たちを、大切に保護《ほご》してくれるという確信《かくしん》があったのだ。

深読みする信長《のぶなが》

ラッピング特集ですって
やってみようかしら
できたわ!
お兄さまにお送りしよう
両端《りょうたん》しばりとは!
はさみうちのしらせか!
うらぎりだ討《う》てええぇ!
なぜ!

ほーりーS ツッコミ

お市《いち》は暗号のつもりではなかった…のかも?!

深読みしすぎる信長《のぶなが》

やっぱり普通《ふつう》の包みにしましょう
これなら大丈夫《だいじょうぶ》!
む、これは
一網打尽《いちもうだじん》のしらせ!
討《う》てええぇ
あああ

ほーりーS ツッコミ

もはや、なにを見ても戦《たたか》いたい男《おとこ》?!

明智光秀《あけちみつひで》の拠点《きょてん》となった城《しろ》。熙子《ひろこ》は本能寺《ほんのうじ》の変《へん》まで生きていて、ここで自害《じがい》したという伝説《でんせつ》も。

夫《おっと》は妻《つま》のために、妻《つま》は夫《おっと》のために……

熙子《ひろこ》♥明智光秀《あけちみつひで》

キイワード

【下剋上《げこくじょう》】

地位が下の人が上の人にとってかわり、権力《けんりょく》を手に入れること。戦国時代《せんごくじだい》は、家臣が主《あるじ》を実力でほろぼして、自分がそのポジションにのしあがる下剋上《げこくじょう》の風潮《ふうちょう》がありました。戦国時代《せんごくじだい》さいごの下剋上《げこくじょう》といわれているのが、本能寺《ほんのうじ》の変《へん》。天下人《てんかびと》になった織田信長《おだのぶなが》を、家臣の明智光秀《あけちみつひで》が討《う》った事件《じけん》です。

謀反人《むほんにん》・明智光秀《あけちみつひで》ってどんな人？

明智光秀《あけちみつひで》といえば、本能寺《ほんのうじ》の変《へん》を起こした謀反人《むほんにん》として有名です。

光秀《みつひで》はいったいどんな人物だったんでしょう。戦国時代《せんごくじだい》に日本をおとずれた外国人宣教師《せんきょうし》のルイス・フロイスが、当時見聞きしたことを書いた『日本史《にほんし》』のなかに、光秀《みつひで》にかんする記録があり

熙子's PROFILE

？〜天正《てんしょう》4年（1576年）※諸説《しょせつ》あり

妻木範熙《つまきのりひろ》の長女→明智光秀《あけちみつひで》の正室。3男4女の母。※本名不明につき通称《つうしょう》

明智光秀's PROFILE

享禄元年《きょうろくがん》（1528年）？〜天正《てんしょう》10年（1582年）6月13日

戦国武将《せんごくぶしょう》／織田信長《おだのぶなが》の部下→謀反《むほん》人《にん》。文化に造詣《ぞうけい》が深い。

本能寺の変《ほんのうじのへん》　天正《てんしょう》10年（1582年）6月2日、京都本《きょうとほん》能寺《のうじ》に滞在《たいざい》していた主君・織田信長《おだのぶなが》を、信長《のぶなが》の家臣の明智光秀《あけちみつひで》が13000の軍を率《ひき》いておそい、自害《じがい》に追いこんだ事件《じけん》。

謀反《むほん》　家臣が主君にそむき、ほろぼすこと。

宣教師《せんきょうし》　キリスト教を広めるために日本にきた伝道師《でんどうし》。

ます。

かいつまんで紹介《しょうかい》すると、「光秀《みつひで》はその才能《さいのう》、思慮《しりょ》ぶかさ、ずるがしこさにより主人の信長《のぶなが》から非常《ひじょう》にかわいがられており、仕事（戦《いくさ》のこと）がよくでき、城《しろ》を築《きず》くのもうまかった。信長《のぶなが》には絶対《ぜったい》にさからわず、だれよりも多くワイロを贈《おく》った。信長《のぶなが》に反抗《はんこう》的な人がいると『自分はそんなことしません！』ということをアピールするために本気で涙《なみだ》をながし、『私は人をだますための72の方法をマスターしている』と周囲の人に言いふらしていた」とのこと。

……これ本当なら、最低なヤツじゃない？

ガラクタ同然から大出世

信長《のぶなが》に仕《つか》える前の光秀《みつひで》のことはよくわかっていません。明智家《あけちけ》は美濃国《みののくに》（岐阜県南部）の土豪《どごう》の一族といわれていますが、彼《かれ》自身《じしん》が、自分の若《わか》いころのことを「瓦礫沈淪之輩《がれきちんりんのやから》（ガラクタ同然で落ちぶれていた）」と言っているので、おせじにも恵《めぐ》まれた環境《かんきょう》で成長したと

こぼれ話

これ本当なら、たしかに最低なヤツ。しかし、あきらめるのはまだはやい！

♥ **理由①** 『日本史《にほんし》』に書かれているのは「明智光秀《あけちみつひで》について、彼《かれ》の同僚《どうりょう》などからこういう話を聞いた」という伝《でん》聞情報《ぶんじょうほう》が主《おも》だ。光秀《みつひで》が、仕事ができて上司の信長《のぶなが》にかわいがられていたから、ひがみや嫉妬《しっと》で悪口が広まっていた可能性《かのうせい》がある！

♥ **理由②** フロイス自身も宗教観《しゅうきょうかん》のちがいなどから光秀《みつひで》をよく思っていなかったらしい。アンチの情報《じょうほう》だけを聞いて、その人の人間性《せい》を判断《はんだん》することはできない。あくまで、こういうふうに思っている人もいたんだなぁ～という参考にしてほしい！

茶《ちゃ》の湯《ゆ》 人を招《まね》いて抹茶《まっちゃ》をたててもてなすこと。茶道《さどう》とも。戦国武将《せんごくぶしょう》の間で大流行した。信長《のぶなが》も茶《ちゃ》の湯《ゆ》を好み、茶会《ちゃかい》を主催《しゅさい》したり、茶会《ちゃかい》で使う茶器《ちゃき》を集めるのが趣味《しゅみ》だった。

はいえなそうです。

しかし、光秀《みつひで》は、若《わか》いころから学問をおこたらず、茶《ちゃ》の湯《ゆ》や連歌《れんが》などの文化に親しみ、鉄砲《てっぽう》や弓矢や剣術《けんじゅつ》をマスターするなど、将来《しょうらい》のために地道な努力をかさねていたのです。

やがて信長《のぶなが》に仕《つか》えるようになりますが、織田家《おだけ》には長年信長《のぶなが》に仕《つか》えてきた優秀《ゆうしゅう》な家臣たちがいました。そういうなかで、チャンスをつかんではいあがっていくのは並大抵《なみたいてい》の苦労ではありません。運も実力も、それから「**自分はぜったいに出世するんだ**」というゆるぎない覚悟《かくご》も必要でした。

光秀《みつひで》のモチベーションの源《みなもと》……、それは、彼《かれ》の妻《つま》の存在《そんざい》が大きかったのではないかと、私は思います。

連歌《れんが》　何人かで和歌を詠《よ》みつらねてゆく言葉遊びのゲーム。高度な教養が必要で、連歌《れんが》会は、開くのにも参加するのにもお金がかかる、セレブのパーティーとして流行していた。光《みつ》秀《ひで》は、連歌《れんが》会の開催《かいさい》・参加が人脈づくりにつながり、身につけた教養が役に立つと考えていた！

明智《あけち》が妻《つま》の咄《はなし》せむ

こんな話が伝わっています。

光秀《みつひで》がまだ若《わか》かったとき、連歌《れんが》会を開きたい、と思いたちました。ただ、お金がかかるので、貧乏《びんぼう》な自分にはとてもムリだとあきらめかけます。しかし、それを知った妻《つま》・熙子《ひろこ》が、夫《おっと》にはないしょで自分の髪《かみ》を切って売り、必要なお金を用意したのです。

光秀《みつひで》はおどろきました。熙子《ひろこ》は疱瘡《ほうそう》という病気にかかった後遺症《こういしょう》で、顔に痘痕《あばた》がのこっていました。そのうえに髪《かみ》を切るというのはどれほど勇気がい

松尾芭蕉《まつおばしょう》　江戸時代初期《えどじだいしょき》に活躍《かつやく》した俳句《はいく》界のレジェンド（俳聖《はいせい》）。“閑《しずか》さや 岩にしみいる 蝉《せみ》の声”などが収録《しゅうろく》された紀行文『おくのほそ道』が有名。

ることだったでしょう。当時は長く美しい髪《かみ》＝女性《じょせい》の魅力《みりょく》と考えられていました。女性《じょせい》ならだれだって美しい姿《すがた》でいたいはず。でも熙子《ひろこ》はそんな思いをふうじこめ、なにもいわずに自分のためにつくしてくれたのです。

光秀《みつひで》は、熙子《ひろこ》に「**いつか出世して、楽な暮《く》らしをさせてあげるから**」とちかい、ガムシャラにはたらき、信長《のぶなが》にみとめられて大出世をとげました。

ただ、喜びもつかのま。光秀《みつひで》は過労《かろう》で病気がちになり、看病《かんびょう》していた熙子《ひろこ》も病にたおれ、ついに亡《な》くなってしまいました。その後、光秀《みつひで》は本能寺《ほんのうじ》の変《へん》を起こした謀反人《むほんにん》として生涯《しょうがい》を終えるのです。

しかし、謀反人《むほんにん》・明智光秀《あけちみつひで》と、彼《かれ》が愛《あい》した心《こころ》の美しい妻《つま》の逸話《いつわ》はひそかに語りつがれました。俳聖《はいせい》・松尾芭蕉《まつおばしょう》も、こんな句《く》を詠《よ》んでいます。

月さびよ　明智《あけち》が妻《つま》の咄《はなし》せむ《（ん）》

「秋の月がわびしく、美しくかがやく。こんな夜には、明智《あけち》の妻《つま》の話をしよう」

ふたりの物語《ものがたり》は、これからも語りつがれてゆくでしょう。

こぼれ話

本能寺《ほんのうじ》の変《へん》の後の光秀《みつひで》

6月2日、織田信長《おだのぶなが》を討《う》ち、天下人《てんかびと》になった光秀《みつひで》だが、羽柴《はしば》（豊臣《とよとみ》）秀吉《ひでよし》が予想外にはやく反撃《はんげき》。6月13日の山崎《やまざき》の戦《たたか》いでやぶれ、逃《に》げる途中《とちゅう》に農民に殺害されたといわれている。光秀《みつひで》が権力《けんりょく》をにぎった期間があまりに短いことから「三《みっ》日天下《かてんか》」ということわざも生まれた。

やりくり上手

これをお使いください
こんな大金いったい?!
髪《かみ》を売りましたの
熙子《ひろこ》！
ファサッ
私のためにここまで…
かんじんの連歌会《れんがかい》は…
うう…
チケット制《せい》にしてみました
S《エス》席《せき》一枚《まい》
歌会場
ちけっと

ほーりー's解説

連歌《れんが》会はとにかくお金がかかるイベント。髪《かみ》を売っただけじゃ足りない?!

熙子《ひろこ》のために…？

熙子《ひろこ》のためにも出世するぞ！
オオオオオオ
出世！
出世！
出世！
信長《のぶなが》さまの側近《そっきん》にまでのぼりつめたぞ！
出世
キラーン

ほーりー'sツッコミ

信長《のぶなが》、うしろ———!!!

まるでロミオとジュリエット♥

松姫《まつひめ》♥織田信忠《おだのぶただ》

キイワード

【戦国時代《せんごくじだい》】

応仁元年《おうにんがんねん》（1467年）の応仁《おうにん》の乱《らん》から、織田信長《おだのぶなが》が天下統一《てんかとういつ》にのりだすまでのおよそ100年間のこと。日本各地で、戦国武将《せんごくぶしょう》どうしが領土拡大《りょうどかくだい》のための戦乱《せんらん》をくりひろげていました。

拝啓《はいけい》、未来の旦那《だんな》さま

松姫《まつひめ》は甲斐国《かいのくに》（山梨県）を拠点《きょてん》とする戦国武将《せんごくぶしょう》・武田《たけだ》信玄《しんげん》の四女（五女、六女、という説もアリ）です。信玄《しんげん》パパは、松姫《まつひめ》を娘《むすめ》たちのなか

武田信玄《たけだしんげん》
「甲斐《かい》の虎《とら》」とよばれておそれられた超《ちょう》有力な戦国武将《せんごくぶしょう》。甲斐国《かいのくに》だけでなく、信濃《しなの》、駿河《するが》と上野《こうずけ》、飛騨《ひだ》、美濃《みの》、三河《みかわ》、遠江《とおとうみ》の一部へと勢力《せいりょく》を拡大《かくだい》した。

松姫's PROFILE
永禄《えいろく》4年（1561年）
〜元和《げんな》2年（1616年）
4月16日
武田信玄《たけだしんげん》の娘《むすめ》→尼《あま》。
特技は織物《おりもの》。

徳川家康《とくがわいえやす》 のちに江戸《えど》に幕府《ばくふ》をひらき初代将軍《しょだいしょうぐん》となる天下人《てんかびと》だが、この時点では織田信長《おだのぶなが》と同盟《どうめい》し、東海地方に勢力《せいりょく》をもつ戦国大名《せんごくだいみょう》のひとりだった。

でも特別かわいがってそだてました。

やがて、武田家《たけだけ》は織田家《おだけ》との同盟強《どうめいきょう》化《か》のため、松姫《まつひめ》と織田信長《おだのぶなが》の嫡男《ちゃくなん》・信忠《のぶただ》を婚約《こんやく》させます。でました、**戦国時代《せんごくじだい》名物・政略結婚《せいりゃくけっこん》！**

松姫《まつひめ》と信忠《のぶただ》がじっさいに会う機会はなかなかおとずれませんでしたが、文通で心《こころ》をかよわせ、将来夫婦《しょうらいふうふ》になるおたがいへの理解《りかい》を深めていったようです。**「信忠《のぶただ》さまはいったいどんな人なんだろう♥」**。未来の旦那《だんな》さまとの新婚《しんこん》生活への期待に胸《むね》おどる松姫《まつひめ》の姿《すがた》が目にうかびます。

しかし、婚約《こんやく》から5年後、思いがけない出来事が。父・信玄《しんげん》が徳川家康《とくがわいえやす》を攻撃《こうげき》したのです。徳川家《とくがわけ》は織田家《おだけ》と同盟《どうめい》関係にあり、つまり、武田《たけだ》が徳川《とくがわ》を攻《せ》めるということは、織田家《おだけ》との同盟《どうめい》をやぶ

織田信忠's PROFILE

弘治《こうじ》3年（1557年）
〜天正《てんしょう》10年（1582年）6月2日

織田信長《おだのぶなが》の後継者《こうけいしゃ》（長男）。
生まれたときの顔が奇妙《きみょう》だったため、父・信長《のぶなが》がつけた幼名《ようめい》は奇妙丸《きみょうまる》。

聖地《せいち》 東京都・信松院《しんしょういん》

松姫《まつひめ》が出家《しゅっけ》後暮《ご く》らした場所にあるお寺。お墓《はか》や銅像《どうぞう》がある。

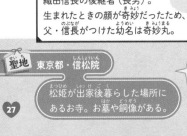

天正《てんしょう》10年（1582年）３月11日、甲斐国《かいのくに》の天目山《てんもくざん》で武田家《たけだけ》が滅亡《めつぼう》した合戦《かっせん》。

ると宣言《せんげん》するようなもの。さらに、4か月後には、信玄《しんげん》自身が病気で急死……!!

これで、武田家《たけだけ》と織田家《おだけ》の同盟関係《どうめいかんけい》は事実上破綻《はたん》。当時の慣習《かんしゅう》として、松姫《まつひめ》と信忠《のぶただ》の婚約《こんやく》も解消《かいしょう》されることになります。

信忠《のぶただ》への恋心《こいごころ》をはぐくんでいた松姫《まつひめ》は、胸《むね》がはりさけるような思いでした。

運命の天正《てんしょう》10年

武田家《たけだけ》と織田家《おだけ》の同盟関係《どうめいかんけい》が解消《かいしょう》したあとも、松姫《まつひめ》は信忠《のぶただ》を思いつづけていたのでしょう、だれとも結婚《けっこん》しませんでした。しかし、そんな彼女《かのじょ》を悲劇《ひげき》がおそいます。

父・信玄《しんげん》亡《な》き後、武田家《たけだけ》の家臣たちの心《こころ》はしだいにバラバラになり勢力《せいりょく》が弱まりました。これにより、織田家《おだけ》&徳川家《とくがわけ》連合軍による、本格《ほんかく》的な武田家《たけだけ》討伐《とうばつ》がはじまったのです。そしてその総大将《そうだいしょう》はほかでもない、織田信忠《おだのぶただ》でした。元婚約者《こんやくしゃ》によって、兄や親せきや家臣たちがつぎつぎと戦場でたおれ、命を落としてゆく……。松姫《まつひめ》にとっては地獄《じごく》の日々でした。

そして天正《てんしょう》10年（1582年）、天目山《てんもくざん》の戦《たたか》いで武田家《たけだけ》は滅亡《めつぼう》します。

こぼれ話

婚約解消《こんやくかいしょう》……ところで婚約中《こんやくちゅう》の松姫《まつひめ》って？

婚約《こんやく》が成立したとき、松姫《まつひめ》は７歳《さい》、信忠《のぶただ》は11歳《さい》。結婚《けっこん》するには若《わか》かったため、すぐに嫁《とつ》ぐことにはならなかった。しかし、松姫《まつひめ》は信玄《しんげん》パパが躑躅ケ崎館《つつじがさきやかた》（武田家《たけだけ》の居城《きょじょう》）の近くに娘《むすめ》のために建てた新しい館《やかた》で暮《く》らし“新館御料人《にいたちごりょうにん》”とよばれ、信忠《のぶただ》の妻《つま》としてあつかわれるようになる。気分はすっかり新妻《にいづま》♥

幼《おさな》い娘《むすめ》3人
松姫《まつひめ》の兄・武田勝頼《たけだかつより》の娘《むすめ》、同じく兄・仁科盛信《にしなもりのぶ》の娘《むすめ》、家臣・小山田信茂《おやまだのぶしげ》の娘《むすめ》。娘《むすめ》たちの父親は、武田家滅亡《たけだけめつぼう》の戦《いくさ》のなかで全員死亡《しぼう》した。

このとき、22歳《さい》になっていた松姫《まつひめ》は、兄たちや家臣がのこした幼《おさな》い娘《むすめ》3人をつれて、住みなれた故郷《こきょう》・甲斐国《かいのくに》を出て峠《とうげ》をこえ、命からがら武蔵国八王子《むさしのくにはちおうじ》（東京都八王子市《はちおうじ》）にのがれました。

そこへ、信忠《のぶただ》からの使者がやってきたといいます。じつは信忠《のぶただ》は、武田家《たけだけ》との戦《いくさ》の最中も松姫《まつひめ》のことを思いつづけ、ほかの女性《じょせい》を正室《せいしつ》にすることはありませんでした。彼女《かのじょ》が生きているならば救《すく》いだしていっしょに暮《く》らし、今度こそ本当の夫婦《ふうふ》になろうと考えていたのかもしれません。

「いまさらどうして！」

武田家滅亡《たけだけめつぼう》でつらい思いを経験《けいけん》した松姫《まつひめ》の心《こころ》の中には、信忠《のぶただ》からのさそいを断《ことわ》るべきだという思いがあったでしょう。しかし思いつづけてきた相手にやっと逢《あ》えるという喜びも否定《ひてい》できない感情《かんじょう》……。戦《いくさ》ですべてをうしなった彼女《かのじょ》にとって、信忠《のぶただ》の存在《そんざい》は唯一《ゆいいつ》の光でした。

心《こころ》がかき乱《みだ》された松姫《まつひめ》のもとに、おいうちをかけるような知らせがもたらされます。本能寺《ほんのうじ》の変《へん》が起こり、信忠《のぶただ》が自害《じがい》したというのです……！　残念ながらこれは事実。

ふたりがこの世で結ばれることは、永遠《えいえん》に叶《かな》わなくなりました。

こぼれ話

本能寺《ほんのうじ》の変《へん》……そのとき信忠《のぶただ》は？

天正《てんしょう》10年（1582年）6月2日、京都本能寺《きょうとほんのうじ》に滞在中《たいざいちゅう》の織田信長《おだのぶなが》を、家臣の明智光秀《あけちみつひで》が襲撃《しゅうげき》して自害《じがい》させた（p21参照）。襲撃《しゅうげき》を知った信忠《のぶただ》は、本能寺《ほんのうじ》にかけつけたがすでに間にあわず、二条御所《にじょうごしょ》にたてこもって明智《あけち》軍と戦闘《せんとう》のすえに自害《じがい》した。

旧武田家《きゅうたけだけ》の家臣　没落《ぼつらく》していた旧武田家《きゅうたけだけ》家臣にとって、松姫《まつひめ》（信松院《しんしょういん》）は精神的なよりどころ。徳川家康《とくがわいえやす》も松姫《まつひめ》を保護し、旧《きゅう》武田家《たけだけ》家臣たちを、八王子《はちおうじ》を拠点に再雇用《さいこよう》し、八王子《はちおうじ》千人同心《せんにんどうしん》として、江戸幕府《えどばくふ》の組織《そしき》に正式に組みこんだ。

出家《しゅっけ》　僧侶《そうりょ》（尼《あま》）になること。

生涯《しょうがい》をかけて貫《つらぬ》いた愛《あい》

松姫《まつひめ》の、その後の人生はどういうものだったのでしょうか。22歳《さい》という若《わか》さで、しかも滅亡《めつぼう》したとはいえ、名門・武田家《たけだけ》の姫《ひめ》であるという家柄《いえがら》を考えれば、だれかに嫁《とつ》いでめんどうを見てもらうというのが、当時としては一番生きやすい道でしょう。しかし、彼女《かのじょ》が選んだのは出家《しゅっけ》でした。

自分の夫《おっと》とよべる人は、信忠《のぶただ》ただひとり、生涯独身《しょうがいどくしん》をとおすことを心《こころ》に決めたのです。**純愛《じゅんあい》！**　しかも出家《しゅっけ》後の名前は信忠《のぶただ》の信と松姫《まつひめ》の松の字を合わせた信松院《しんしょういん》。**純愛《じゅんあい》！**（信玄《しんげん》パパの信でもあるね……）

松姫《まつひめ》改め信松院《しんしょういん》は、八王子《はちおうじ》の御所水《ごしょみず》の里《さと》に庵《いおり》をかまえ、武田家《たけだけ》滅亡《めつぼう》のときにひきとった3人の娘《むすめ》たちをそだてるために、近所の子どもたちに読み書きを教えたり、蚕《かいこ》をそだてて織物《おりもの》をつくって生計を立てました。

亡《な》くなった人びとへの弔《とむら》いと、戦《いくさ》で親をうしなった子どもたちをそだてることに人生をささげたのです。

やがて、旧武田家《きゅうたけだけ》の家臣たちも八王子《はちおうじ》に集結。松姫《まつひめ》はおだやかな日々をすごし、56歳《さい》で静かに息をひきとって、愛《あい》する信忠《のぶただ》のもとへと旅立ちました。

こぼれ話

松姫《まつひめ》と八王子《はちおうじ》の織物《おりもの》業

松姫《まつひめ》は地元の人とも交流して織物《おりもの》の技術《ぎじゅつ》を伝えた。これがのちの八王子《はちおうじ》の織物《おりもの》業の発展《はってん》につながったともいわれている。八王子《はちおうじ》は江戸時代《えどじだい》をつうじて織物《おりもの》業がさかえ、明治《めいじ》、大正《たいしょう》、昭和《しょうわ》には国内有数の織物《おりもの》の町として知られていた。

わたしの信忠《のぶただ》さま♡

信忠《のぶただ》さまは お手紙のように
おやさしい方に ちがいないわ
背《せ》はすらっと 高くて
きりりとした 眉《まゆ》に
大きな瞳《ひとみ》
どんな楽器も 弾《ひ》きこなし
トークは キレキレ
100mは9秒をきるに ちがいないわ！
お会い できずに 亡《な》くなる なんて
これでよかったの かもなあ
うわあああ

ほーりー's 解説

信忠《のぶただ》は優秀《ゆうしゅう》な信長《のぶなが》の後継者《こうけいしゃ》だったけど、さすがにここまでではなかった（笑）。

いつかお会いしたときに…

信松院《しんしょういん》さまは もう結婚《けっこん》は しないんですか
信忠《のぶただ》さまこそ ただひとりの夫《おっと》
いつかお会い できるまで 独身《どくしん》でいます
でも信忠《のぶただ》さまは ほかの奥《おく》さんと
子どもがいた んでしょう？
お会いしたら よーく聞いて おきますね
ひぃぃ…
信忠《のぶただ》ピンチ！

ほーりー's 解説

正室《せいしつ》はいなかったけど側室《そくしつ》がいたんだよね〜！

聖地《せいち》 滋賀県・安土《あづち》駅周辺

信長《のぶなが》が城《しろ》を築《きず》いた地。安土城跡《あづちじょうあと》や博物館など、みどころ多数。

スーパースターの胸《むね》キュン伝説《でんせつ》?!

織田信長《おだのぶなが》

戦国胸《せんごくむね》キュン番外編

キイワード

【天下布武《てんかふぶ》】

信長《のぶなが》のスローガンは「天下布武《てんかふぶ》」。武力《ぶりょく》で天下《てんか》をおさめるゾ、という意味です。しかし〝武《ぶ》〟は、戈《ほこ》（中国でつかわれていた武器《ぶき》）という字と、止《と》めるという字を組みあわせた文字で、もともとは、戈《ほこ》で戦《たたか》うのを止《と》めるという意味があるんだそう。信長《のぶなが》は、武力《ぶりょく》で天下《てんか》をおさめることで戦国時代《せんごくじだい》を終わらせ、平和をもたらそうとしていたのかも？

舅《しゅうと》が絶賛《ぜっさん》！ 婿殿《むこどの》の将来性《しょうらいせい》

日本史界のスーパースター・織田信長《おだのぶなが》は、子ども時代はかなりの問題児で、ついたあだ名は〝大《おお》うつけ〟。だれも将来《しょうらい》に期待していませんでした。そんな彼《かれ》をいちはやく評価《ひょうか》したのは、舅《しゅうと》（妻《つま》の父）の斎藤道三《さいとうどうさん》です。信長《のぶなが》は、政略結婚《せいりゃくけっこん》で美濃国《みののくに》（岐阜県南部）の戦国大名《せんごくだいみょう》、道三《どうさん》の娘《むすめ》・濃姫《のうひめ》を正室《せいしつ》にむかえていました。（ただし、濃姫《のうひめ》についての記録はほとんど残っていません）

織田信長's PROFILE

天文《てんぶん》3年（1534年）5月12日？（5月28日説あり）
～天正《てんしょう》10年（1582年）6月2日

戦国武将《せんごくぶしょう》→天下人《てんかびと》。自称《じしょう》「第六天魔王《だいろくてんまおう》」。

大《おお》うつけ うつけとは頭のなかがうつろ＝からっぽな人。そこに“大”がついているので大馬鹿《ばか》もの、というニュアンス。外を歩くときは、半分はだか状態《じょうたい》、腰《こし》にはひょうたんや小物入れの袋《ふくろ》や刀を下げ、髪《かみ》の毛《け》は紅《べに》や萌黄《もえぎ》の糸で結《ゆ》いあげるなど、とにかくド派手《はで》な格好《かっこう》を好んだ。仲間とつるんで、つねにだれかの肩《かた》に寄《よ》りかかりながら歩いたというから、絵に描《か》いたような不良である。

やがて、道三《どうさん》との初対面がセッティングされます。信長《のぶなが》はいつにもまして気合いの入った不良ファッションに身をつつみ、これまた気合いの入った不良ファッションのお供《とも》のモノたちをゾロゾロ引きつれてやってきました。

これを見た道三《どうさん》サイドの大人たちは**「噂《うわさ》どおりのヤベー奴《やつ》来たな」**と完全に油断《ゆだん》。しかしいざ対面の場に行ってみると……。

なんと信長《のぶなが》は、いつのまにか髪《かみ》をきちんと結《ゆ》いあげ、正式な服装《ふくそう》に着がえていたのです！　しかも、道三《どうさん》がやってきても縁《えん》側《がわ》の柱にもたれかかったまま知らん顔。みかねた家来が道三《どうさん》を紹介《しょうかい》すると**「で、あるか」**と一言《ひとこと》言って座敷《ざしき》に入り、堂々と挨《あい》拶《さつ》をかわしました。

〝大《おお》うつけ〟の評判《ひょうばん》を伏線《ふくせん》に相手を油断《ゆだん》させ、自分のペースにもちこむ。婿殿《むこどの》の大胆不敵《だいたんふてき》なこの演出《えんしゅつ》に、道三《どうさん》は、自分の子どもたちが将来《しょうらい》は信長《のぶなが》の家来になることを確信《かくしん》したといいます。

（実際《じっさい》は家来どころか孫の代で滅亡《めつぼう》させられるのですが（汗《あせ》）、それはまた別のお話♥）

こぼれ話

超《ちょう》ダイジェストで紹介《しょうかい》する！　織田信長《おだのぶなが》の輝《かがや》かしいキャリア

父のあとをついで尾張国《おわりのくに》（愛知県西部）の地方領主《りょうしゅ》に⤴（18歳《さい》）
➡ 桶狭間《おけはざま》の戦《たたか》いなどで勝利し（27歳《さい》）、尾張国《おわりのくに》全体を統一《とういつ》⤴（30歳《さい》前後）
➡ 徳川家康《とくがわいえやす》たちと同盟《どうめい》を結び、ドンドン領土《りょうど》を拡大《かくだい》⤴
➡ 足利義昭《あしかがよしあき》をつれて京都《きょうと》に入り、室町幕府再興《むろまちばくふさいこう》をはたす⤴（35歳《さい》）
➡ いうことききかなくなってきた義昭《よしあき》を追放、室町幕府《むろまちばくふ》を滅亡《めつぼう》させる⤴（40歳《さい》）
➡ 長篠《ながしの》の戦《たたか》いで鉄砲《てっぽう》を大量に使用（42歳《さい》）ガンガン全国統一《とういつ》をすすめる⤴
➡ 家臣・明智光秀《あけちみつひで》の謀反《むほん》により本能寺《ほんのうじ》にて死亡《しぼう》……⤵⤵⤵（49歳《さい》）
そのほか①積極的《せっきょくてき》な経済政策《けいざいせいさく》⤴②茶《ちゃ》の湯《ゆ》など文化への理解《りかい》⤴③身分にとらわれず家臣を採用《さいよう》⤴④キリスト教容認《ようにん》・貿易推進《ぼうえきすいしん》⤴……新しい感覚にあふれていた！

武功夜話《ぶこうやわ》

昭和《しょうわ》34年（1959年）に発見された文書。江戸時代《えどじだい》に成立したとされ、室町時代《むろまちじだい》から安土《あづち》桃山時代《ももやまじだい》のことが書かれている。内容《ないよう》の真偽《しんぎ》は定《さだ》かではなく、エピソードがあまりにできすぎているので後世《こうせい》の創作物《そうさくぶつ》では？　ともいわれているが、ほぼ唯一信長《ゆいいつのぶなが》の胸《むね》キュンエピソードが書かれているので紹介《しょうかい》する。信じるか信じないかはあなた次第《しだい》です。

数すくない胸《むね》キュンエピソード

超《ちょう》有名人の信長《のぶなが》ですが、女性《じょせい》関係にかんしては、ほとんど記録が残っていません。わかっているのは、彼《かれ》には濃姫《のうひめ》以外に何人かの側室《そくしつ》がいて、なかでも、生駒《いこま》氏の娘《むすめ》をとても大切にしたということです。

『武功夜話《ぶこうやわ》』によると、生駒《いこま》氏の娘《むすめ》の名前は吉乃《きつの》。最初の夫《おっと》を戦《いくさ》で亡《な》くし、実家《じっか》にもどっていたところを信長《のぶなが》に見そめられました。ただ、子どもが生まれても信長《のぶなが》と生活はともにせず、実家《じっか》で暮《く》らしていたといいます。

じつは、吉乃《きつの》は出産後に体調をくずして病気になってしまったのですが、このころの信長《のぶなが》は戦国武将《せんごくぶしょう》としてノリにノッていたので、自分が弱った姿《すがた》をみせて心配をかけたくないと思ったようです。

吉乃《きつの》

吉乃《きつの》はのちに信長《のぶなが》の後継者《こうけいしゃ》となる嫡男《ちゃくなん》・信忠《のぶただ》（p26参照）、次男・信雄《のぶかつ》、のちに徳川家《とくがわけ》に嫁《とつ》ぐ徳姫《とくひめ》を産んでいる。このことからも、信長《のぶなが》がもっとも愛《あい》した女性《じょせい》ではないかと考えられている。

信長《のぶなが》のほうも、忙《いそが》しさにかまけて吉乃《きつの》の変化には気がつきませんでした。やがて新しい拠点《きょてん》となる城《しろ》が完成し、これを機に吉《きつ》乃《の》といっしょに暮《く》らしたいと、よびよせようとしてはじめて、吉乃《きつの》が病に苦しみ、自由に動くことができないほどの状態《じょうたい》であることを知ったのです。

吉乃《きつの》の兄から事情《じじょう》を聞いた信長《のぶなが》は、みずから吉乃《きつの》をむかえにゆき、体にふたんがかからないように、りっぱな乗り物にのせて城《しろ》に移動《いどう》させ、亡《な》くなるまでの数年間いっしょに暮《く》らしました。

それは彼《かれ》の人生で、一番おだやかな日々だったようです。

部下の妻《つま》にもやさしい紳士《しんし》

それからの信長《のぶなが》は、ますます戦《いくさ》にあけくれます。このころ、信長《のぶなが》がある女《じょ》性《せい》にあてて書いた手紙が残っています。ある女性《じょせい》とは、部下の羽柴《はしば》（のちの豊《とよ》臣《とみ》）秀吉《ひでよし》の妻《つま》・お寧《ね》（p56参照）。内容《ないよう》は、秀吉《ひでよし》の浮気《うわき》が原因《げんいん》の夫婦《ふうふ》ゲンカを仲《ちゅう》裁《さい》するものでした。手紙の一部分を現代語訳《げんだいごやく》して紹介《しょうかい》しましょう。

「貴方《あなた》の美しさは、この前会った時を10とするなら、それが20になったくらい、磨《みが》きがかかりましたね。藤吉郎《とうきちろう》（秀吉《ひでよし》のこと）は君《きみ》への不満を言っているようですが、言語道断《ごんごどうだん》です。あのハゲネズミがどこを探《さが》し歩いたって、こんな女性《じょせい》とは絶対《ぜったい》に出会えないのに。貴方《あなた》はこれからは、明るくふるまって、奥方《おくがた》らしく堂々としていたらいいのです。ジェラシーなんて、似合《にあ》いませんよ。この手紙は、信長《のぶなが》からだといって藤吉郎《とうきちろう》にも見せてやってください」

メッチャ紳士《しんし》的じゃない?! 全国統一《とういつ》にむかってつきすすんだ信長《のぶなが》には、過激《かげき》で残酷《ざんこく》なエピソードがたくさん残っています。しかし、身近な女性《じょせい》たちに対してはとてもやさしい一面があったのです。こういうギャップも彼《かれ》の魅力《みりょく》のひとつですね。

こぼれ話

信長《のぶなが》からの手紙の詳細《しょうさい》

夫婦《ふうふ》ゲンカの仲裁《ちゅうさい》のほかにも、お寧《ね》が、信長《のぶなが》のもとにお土産《みやげ》をもってあいさつにやってきたことへのお礼が書かれている。また、手紙の最後にはいかめしく「天下布武《てんかふぶ》」の印章が押されている。文章のほのぼの感とのギャップでユーモアを感じさせる演出《えんしゅつ》だ。惚《ほ》れてまうやろーっ！

うつけの本音

うつけだ！
うつけが来たぞ！
フンッ！
焼香《しょうこう》を投げつけるなどとは！
あなたはどうしてそうなの！
弟を見習いなさい！
自分もかまってほしかったんだもん！
かわいい♥
結局モテる

ほーりーｓ解説

ちなみに、この弟は数年後、信長《のぶなが》に殺されてしまいます……。

ありのままで

吉乃《きつの》さま信長《のぶなが》さまがお見舞《みま》いに
なんですって
ひきこもっていたから化粧《けしょう》もしてないしまゆもととのえていないわ
こんな姿《すがた》みせられない
バンッ
まゆげがどうしたあ！
ひっ信長《のぶなが》さま
吉乃《きつの》は自然な姿《すがた》が美しいぞ
城へ帰ろう!!
信長さまぁぁ♥
どこまでもイケメン！

ほーりーｓ解説

信長《のぶなが》はほんと、女子にはやさしい。女子には。

胸《むね》キュン通信 1

正室《せいしつ》と側室《そくしつ》について

第1章で紹介《しょうかい》した、**浅井長政《あざいながまさ》、明智光秀《あけちみつひで》、織田信忠《おだのぶただ》、織田信長《おだのぶなが》**には側室《そくしつ》がいました（光《みつ》秀《ひで》に関しては諸説《しょせつ》あり）。これを聞くと、「**え、まって。なんで正室《せいしつ》がいるのに側室《そくしつ》もいるの？　〝浮気《うわき》〟？　サイテー#**」と思う人もいるかも。

たしかに現代だと、正式な奥《おく》さん＝正室《せいしつ》がいるのに、ほかの女性《じょせい》＝側室《そくしつ》もそばで暮《く》らしているなんて、なんだかビミョウな気がしちゃいますよね！

でも、戦国時代《せんごくじだい》はそれがあたりまえ。正室《せいしつ》のほかに側室《そくしつ》をもつことは、私たちが考えるような〝浮気《うわき》〟とはチョットちがうんです。

正室《せいしつ》と側室《そくしつ》にはそれぞれ役割《やくわり》がありました。正室《せいしつ》のおもな役割《やくわり》は、政略結婚《せいりゃくけっこん》による家と家との同盟強化《どうめいきょうか》。実家と嫁《とつ》ぎ先《さき》の両方にメリットをもたらす存在《そんざい》ですから、身分も高く、夫《おっと》である戦国武将《せんごくぶしょう》や家臣たちからも大切にあつかわれます。ただ、同盟《どうめい》関係がくずれれば離《り》縁《えん》（離婚《りこん》）。男性《だんせい》はしかるべきところから別の女性《じょせい》をつぎの正室《せいしつ》（継室《けいしつ》という）にむかえて再《さい》婚《こん》、女性《じょせい》も別の家に嫁《とつ》いで再婚《さいこん》するのがあたりまえ。けっこうドライですね。

では、側室《そくしつ》のおもな役割《やくわり》はというと、子どもを産むこと。女性《じょせい》を出産の道具としてみているようでイヤなかんじですが、戦国武将《せんごくぶしょう》にお世継《よつ》ぎが生まれなければ、後継者《こうけいしゃ》あらそいがおこって、たちまち戦《いくさ》になってしまいます。

正室《せいしつ》との間に子どもが生まれるとはかぎりませんし、生まれたとしても医療《いりょう》が発達していない当時は、赤ちゃんのころに亡《な》くなってしまうこともしょっちゅうでした。このため正室《せいしつ》のほかにも側室《そくしつ》をおいて、できるだけたくさんの子どもを産んでもらう必要があったんです。

政略結婚《せいりゃくけっこん》ではないので、側室《そくしつ》の実家はそれほどの有力者ではありません。家どうしの利害関係でむすびついた正室《せいしつ》とはちがい、いっしょにいて心安《こころやす》らぐ、自分好みの女性《じょせい》を側室《そくしつ》にすることもあります。

ただ、立場は側室《そくしつ》よりも正室《せいしつ》がぜったいに上。側室《そくしつ》が正室《せいしつ》にくりあがることもほぼなく、正室《せいしつ》が認《みと》めなければ側室《そくしつ》をおけない場合もありました。

ほーりーのモテメイク講座《こうざ》

飛鳥《あすか》〜奈良《なら》編《へん》

・中国風が流行
・ヘアアクセサリーで華《はな》やかに

point
顔に花や星を描《えが》こう！

第2章

元《がん》祖《そ》・恋《れん》愛《あい》結《けっ》婚《こん》♥胸《むね》キュン!!

親《おや》が決《き》めた相手《あいて》
じゃなくて、自分《じぶん》が
大好《だいす》きな人《ひと》♡と
結婚《けっこん》した夫婦《ふうふ》の物語《ものがたり》♡

聖徳太子《しょうとくたいし》 死後におくられた名前。生前の名前は厩戸皇子《うまやどのおうじ》、豊聡耳皇子《とよとみみのおうじ》など。

きっかけは一目《ひとめ》ぼれ！

菩岐岐美郎女《ぼききみのいらつめ》 ♥ 聖徳太子《しょうとくたいし》

まさに聖人《せいじん》！ その偉業《いぎょう》

聖徳《しょうとく》太子《たいし》は、豪族《ごうぞく》たちが争ってバラバラだった日本

聖徳太子's PROFILE

敏達天皇《びだつてんのう》３年（574年）１月１日
〜推古天皇《すいこてんのう》30年（622年）２月22日

推古天皇《すいこてんのう》の摂政《せっしょう》。超人伝説《ちょうじんでんせつ》多数。

キイワード

【摂政《せっしょう》】

聖徳《しょうとく》太子《たいし》は日本史上初《はつ》の摂政《せっしょう》です。摂政《せっしょう》とは、天皇《てんのう》にかわって政治《せいじ》を摂《と》りおこなうという意味。天皇が子どもや女性《じょせい》、または病弱の場合に、政治を代行《だいこう》する人物のことで、いわば天皇《てんのう》の代理人ですね。

遣隋使《けんずいし》 聖徳太子《しょうとくたいし》が摂政《せっしょう》のときに、日本から隋《ずい》（当時の中国）に派遣《はけん》した公式の使節《しせつ》のこと。

冠位十二階《かんいじゅうにかい》 十七条憲法《じゅうしちじょうけんぽう》 p44、p45こぼれ話参照。

豪族《ごうぞく》 権力《けんりょく》をもっている一族。

を天皇《てんのう》を中心にひとつにまとめ、外国と対等な立場で交流ができるようにしたスゴイ政治家《せいじか》です。♡

中国や朝鮮《ちょうせん》の制度《せいど》をお手本にして、日本初《はつ》の役人のランクづけシステム「冠《かん》位十二階《いじゅうにかい》」をつくったり、日本初《はつ》の文章のかたちをとった法律《ほうりつ》「十七条憲法《じゅうしちじょうけんぽう》」をつくったり。また、本《ほん》格《かく》的に仏教《ぶっきょう》をとりいれて、人びとの心《こころ》のよりどころもつくりました。

だからといって外国にたよるだけではありません。聖徳太子《しょうとくたいし》が、遣隋使《けんずいし》をつうじて中国の皇帝宛《こうていあて》に送った手紙の出《で》だしは、**「日出《ひい》づる処《ところ》の天子《てんし》、書を日没《ひぼっ》する処《ところ》の天子《てんし》にいたす**（日本の天《てん》皇《のう》・推古天皇《すいこてんのう》が、中国の皇帝《こうてい》にお手紙を差しあげます）」。

これは当時としてはありえないことでした。それまで〝天子《てんし》〟というのはアジアのトップに君臨《くんりん》する人物、つまりは中国の皇《こう》帝《てい》のみに使われていた言葉。それを日本の天皇《てんのう》にも使ったとい

菩岐岐美郎女's PROFILE

？〜推古天皇《すいこてんのう》30年（622年）2月21日

膳 傾子《かしわでのかたぶこ》の娘《むすめ》→聖徳太子《しょうとくたいし》の妃《きさき》。芹《せり》を摘《つ》んでいたところを聖徳太子《しょうとくたいし》が見かけて一目《ひとめ》ぼれしたという伝説《でんせつ》があり、後世《こうせい》では「芹摘妃《せりつむひ》（芹摘姫《せりつむひめ》）」ともよばれる。

聖地《せいち》 奈良県・法隆寺《ほうりゅうじ》（斑鳩寺《いかるがでら》）

斑鳩《いかるが》の地に聖徳太子《しょうとくたいし》が建てた寺院。世界最古《さいこ》の木造建築群《もくぞうけんちくぐん》で世界遺産《いさん》に登録されている。

橘大郎女《たちばなのおおいらつめ》
聖徳太子《しょうとくたいし》の妃《きさき》のひとりで、太子《たいし》が死後にいる国《くに》を刺繍《ししゅう》であらわしたという国宝《こくほう》「天寿国繍帳《てんじゅこくしゅうちょう》」をつくらせたことでも有名。（p47の４コマまんがにも登場！）

斑鳩宮《いかるがのみや》
聖徳太子《しょうとくたいし》が拠点《きょてん》とした宮殿《きゅうでん》。奈良県生《い》駒郡斑鳩町《こまぐんいかるがちょう》にある法隆寺東院《ほうりゅうじとういん》がその跡《あと》といわれる。

うことは、**「日本の天皇《てんのう》は中国の皇帝《こうてい》と対等」**という意思表明と考えられているのです。外国文化のよいところは積極的にとりいれつつ、日本の立場はしっかり主張《しゅちょう》する。すばらしいバランス感覚ですね！

太子《たいし》をめぐる４人の妃《きさき》

スゴ過《す》ぎる政治家《せいじか》・聖徳太子《しょうとくたいし》には４人の妃《きさき》がいました。

いちばん身分が高いのが**菟道貝鮹皇女**《うじのかいたこのひめみこ》。父が敏達天皇《びだつてんのう》、母が推古天皇《すいこてんのう》というハイパーセレブです。太子《たいし》は叔母《おば》であり、摂政《せっしょう》として仕《つか》える上司の推古天《すいこてん》皇《のう》の娘《むすめ》を嫁《よめ》にもらったわけですね。

菟道貝鮹皇女《うじのかいたこのひめみこ》と太子《たいし》との間には子どもが生まれなかったためか、のちに推《すい》古天皇《こてんのう》の孫・**橘大郎女**《たちばなのおおいらつめ》も太子《たいし》の妃《きさき》となり、２人の子どもをさずかっています。つまり推古天皇《すいこてんのう》にとって太子《たいし》は甥《おい》であり、娘婿《むすめむこ》であり孫婿《むこ》ということに！いかに太子《たいし》との関係を強めたかったかがわかります。

いちばん権力《けんりょく》をもっていたのは**刀自古郎女**《とじこのいらつめ》。当時もっとも力をもった豪族《ごうぞく》・蘇我《そが》氏の娘《むすめ》です。子どもも４人生まれ、長男の山背大兄王《やましろのおおえのおう》が、ほかの太子《たいし》の

こぼれ話

スゴ過《す》ぎる政治家《せいじか》・聖徳太子《しょうとくたいし》①…冠位十二階《かんいじゅうにかい》をくわしく！

それまでの朝廷《ちょうてい》での豪族《ごうぞく》たちの仕事は世襲制《せしゅうせい》（親の仕事を子がうけついでいくこと）。聖徳太子《しょうとくたいし》は、生まれた家に関係なく、個人《こじん》を対象に役人を12のランクに分けて、天皇《てんのう》が地位をあらわす冠《かんむり》をさずけることにした。これによって役人同士の上下関係がわかりやすくなり、家にとらわれない出世も可能《かのう》になった。

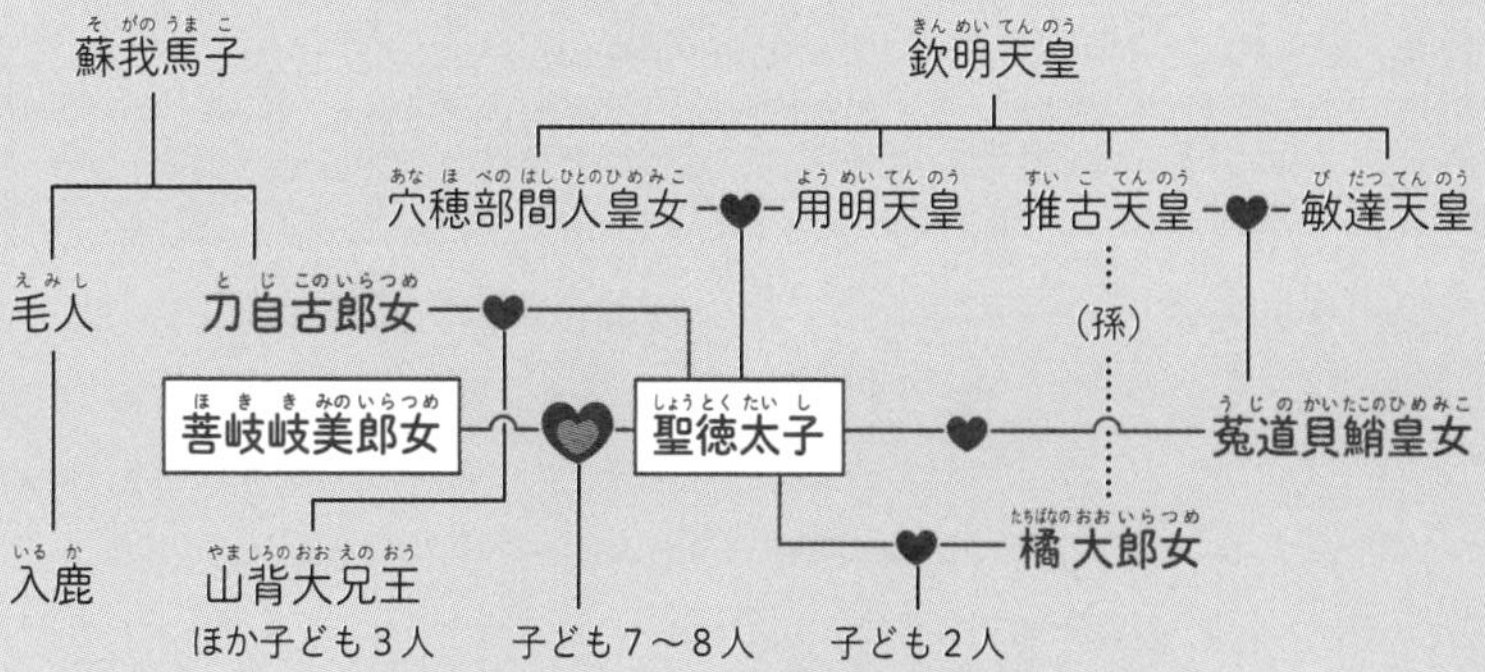
蘇我馬子《そがのうまこ》
欽明天皇《きんめいてんのう》
穴穂部間人皇女《あなほべのはしひとのひめみこ》
用明天皇《ようめいてんのう》
推古天皇《すいこてんのう》
敏達天皇《びだつてんのう》
毛人《えみし》
刀自古郎女《とじこのいらつめ》
（孫）
菩岐岐美郎女《ほききみのいらつめ》
聖徳太子《しょうとくたいし》
菟道貝鮹皇女《うじのかいたこのひめみこ》
橘大郎女《たちばなのおおいらつめ》
入鹿《いるか》
山背大兄王《やましろのおおえのおう》
ほか子ども３人
子ども7～8人
子ども２人

子どもたちをおしのけて嫡男《ちゃくなん》（跡《あと》つぎ）とされたことからも、彼女《かのじょ》の実家《じっか》の蘇我《そが》氏の力の大きさを感じます。

つまり、菟道貝鮹皇女《うじのかいたこのひめみこ》、橘大郎女《たちばなのおおいらつめ》、刀自古郎女《とじこのいらつめ》の3人の妃《きさき》とは、かなり露骨《ろこつ》な政略結婚《せいりゃくけっこん》だったというわけ。ゆいいつ恋愛結婚《れんあいけっこん》だったのが**菩岐岐美郎女《ほききみのいらつめ》**です。

正直、見た目がタイプです

菩岐岐美郎女《ほききみのいらつめ》は、膳《かしわで》氏という天皇《てんのう》の食事にまつわる仕事をしていた一族の娘《むすめ》。ほかの妃《きさき》にくらべればかなり身分が低いのですが、太子《たいし》27歳《さい》のころ、彼女《かのじょ》に出会った瞬間《しゅんかん》「**いろんな人みてきたけどめっちゃタイプ！**」と一目《ひとめ》ぼれして妃《きさき》にむかえました。

結婚《けっこん》の動機《どうき》は不純《ふじゅん》ですが（笑）、菩岐岐美郎女《ほききみのいらつめ》への愛《あい》は本物でした。太子《たいし》は、ほとんど手つかずの土地だった斑鳩《いかるが》に斑鳩宮《いかるがのみや》をつくって、亡《な》くなるまで拠点《きょてん》にする

こぼれ話

スゴ過《す》ぎる政治家《せいじか》・聖徳太子《しょうとくたいし》②…十七条憲法《じゅうしちじょうけんぽう》をくわしく！

豪族《ごうぞく》たちが、それぞれの家ごとのルールで行動していて、争いがたえなかったため、共通のルールをつくって、争うことなくよりよい政治《せいじ》をおこなおうとした。条文《じょうぶん》は、「**和をもって貴《とうと》しと為《な》し**（和《なご》やかに協力しあうことを一番大事にしよう）」からはじまり、政治家《せいじか》としてのあるべき姿《すがた》が17項目《こうもく》書かれている。

聖徳太子伝暦《しょうとくたいしでんりゃく》
平安時代《へいあんじだい》に、聖徳太子《しょうとくたいし》にまつわるたくさんの伝承《でんしょう》、伝説《でんせつ》をまとめて書かれた伝記。同時に多くの人の話を聞き分けた！空を飛んだ！未来を予知した！など、超人《ちょうじん》的＆神秘《しんぴ》的な話が多く、のちの太子信仰《たいししんこう》（聖徳太子《しょうとくたいし》を神様とする信仰《しんこう》）に影響《えいきょう》をあたえた。

のですが、じつはこの地は、菩岐岐美郎女《ほききみのいらつめ》の地元（膳氏《かしわで》の本拠地《ほんきょち》）なのです。

政治《せいじ》の中心地である飛鳥《あすか》から20キロ弱はなれた斑鳩《いかるが》は、一見《いっけん》とても不便な場所。しかし太子《たいし》にとっては、わずらわしい人間関係や〝推古天皇《すいこてんのう》の摂政《せっしょう》〟という立場から解《と》きはなたれて、愛《あい》する女性《じょせい》のもとで、ひとりの男性《だんせい》にもどれる安らぎの場所だったことでしょう。

冠位十二階《かんいじゅうにかい》、十七条憲法《じゅうしちじょうけんぽう》、遣隋使派遣《けんずいしはけん》などのかがやかしい業績《ぎょうせき》も、斑鳩《いかるが》を拠点《きょてん》にして以降《いこう》のものなので、プライベートが充実《じゅうじつ》したことで仕事によい影響《えいきょう》がでたのかもしれません。

ふたりの絆《きずな》の強さは亡《な》くなった日、命日《めいにち》にもあらわれています。菩岐岐美郎女《ほききみのいらつめ》が亡《な》くなった翌日《よくじつ》に、あとを追うように太子《たいし》が亡《な》くなっているのです。夫婦《ふうふ》のあいつぐ死の原因《げんいん》は、同じ伝染病《でんせんびょう》にかかっていた？　殺害された？　自殺？　など、さまざまな憶測《おくそく》がなされていますが、『聖徳太子伝暦《しょうとくたいしでんりゃく》』という伝記には、自分の死をさとった太子《たいし》が菩岐岐美郎女《ほききみのいらつめ》に、

「**私は今晩《こんばん》死にます。あなたにもいっしょに死後の世界へ来てほしい**」

といってふたりで眠《ねむ》りにつき、朝になっても目を覚まさなかったと記されています。

こぼれ話

太子《たいし》の充実《じゅうじつ》したプライベート

太子《たいし》は菩岐岐美郎女《ほききみのいらつめ》との間に４男（３男とも）４女、計８人（７人とも）と、４人の妃《きさき》のなかで最も多くの子どもをもうけている。このことからも夫婦《ふうふ》関係が良好であったことがうかがえるのだ。

生まれた場所は…

幼名《ようめい》は厩戸皇子《うまやどのおうじ》だったのですね
馬小屋で生まれたからね
もし犬小屋でしたら？
犬小屋の皇子《おうじ》かな
お台所でしたら？
台所の皇子《おうじ》
お風呂《ふろ》でしたら？
お風呂《ふろ》の皇子《おうじ》
おトイレでしたら？
トイレの皇子《おうじ》
母には感謝《かんしゃ》しているよ
馬小屋までがんばってくれて
さすがお義母《かあ》さま

ほーりーs 解説

馬小屋の前でよかったね?!
ただし、命名の由来には諸説《しょせつ》あり。

国宝誕生《こくほうたんじょう》?!

太子《たいし》もお義母《かあ》さまも死んでしまった
しく
しく
しく
せめてもの慰《なぐさ》めに天の国《くに》をまねたテーマパークをつくりましょう
橘 大郎女《たちばなのおおいらつめ》
ようこそ
斑鳩天寿国《いかるがてんじゅこく》ランドへ！
パレードもあるよ!!
太子《たいし》もお義母《かあ》さまもよろこんでくださるわ
やめてっ
うう…せめて設計図《せっけいず》だけでも
天寿国繍帳《てんじゅこくしゅうちょう》（国宝《こくほう》）の誕生《たんじょう》であった?!

ほーりーs 解説

后《きさき》のひとり・橘 大郎女《たちばなのおおいらつめ》がつくらせた
天寿国繍帳《てんじゅこくしゅうちょう》は現存《げんそん》する日本最古《さいこ》の刺繍《ししゅう》です。

嫉妬《しっと》は愛《あい》のうらがえし

北条《ほうじょう》政子《まさこ》 ♥ 源《みなもとの》頼《より》朝《とも》

キイワード

【鎌倉幕府《かまくらばくふ》】

源頼朝《みなもとのよりとも》が、平家打倒《へいけだとう》の兵をあげ、鎌倉《かまくら》に設立《せつりつ》した日本最初の武家政権《ぶけせいけん》のこと。ちなみに、「幕府《ばくふ》」というのは、むかしの中国で戦場にいる将軍《しょうぐん》の居場所《いばしょ》に幕《まく》を張《は》って陣地《じんち》をつくり、府《ふ》（人が多くあつまる役所のこと）とよんだことが語源《ごげん》です。日本でも、将軍《しょうぐん》の居場所《いばしょ》を指して使われるようになりました。

夢《ゆめ》をうばって（！）運命の人ゲット！

政子《まさこ》は伊豆国《いずのくに》（静岡県伊豆半島《いずはんとう》）の豪族《ごうぞく》、北条時政《ほうじょうときまさ》の長女です。

ある日、妹が**「私が高い山の上にいて、着物のそでに月と太陽を入れて、橘《たちばな》の実が3つついた枝《えだ》を髪《かみ》にさしているっていう、ヘンな夢《ゆめ》をみたんだけど……」**と相談してきました。じつはこれ、夢占《ゆめうらな》い的には、天下《てんか》をおさめるほどの超《ちょう》幸運がおとずれる

北条政子's PROFILE

保元《ほうげん》2年（1157年）
～嘉禄《かろく》元年《がん》（1225年）7月11日

北条時政《ほうじょうときまさ》の娘《むすめ》→源《みなもとの》頼朝《よりとも》の正室《せいしつ》→尼《あま》将軍《しょうぐん》。めちゃくちゃ気が強い鬼《おに》？嫁《よめ》。

源頼朝's PROFILE

久安《きゅうあん》3年（1147年）4月8日
～建久《けんきゅう》10年（1199年）1月13日

流人《るにん》→征夷大将軍《せいいたいしょうぐん》（鎌倉幕府《かまくらばくふ》初代将《しょだいしょう》軍《ぐん》）。性格は沈着冷静《ちんちゃくれいせい》で体格《たいかく》がいい。

北条時政《ほうじょうときまさ》 伊豆国《いずのくに》に力をもつ豪族《ごうぞく》。平家《へいけ》の流れをくむ一族とされており、平治《へいじ》の乱《らん》で平家《へいけ》と戦《たたか》って敗北し、伊豆国《いずのくに》に流刑《るけい》になった源頼朝《みなもとのよりとも》の監視《かんし》役になる。

夢占い《ゆめうらない》 夢《ゆめ》で吉凶《きっきょう》を占《うらな》うこと。当時さかんに行われていた。

というすばらしい夢《ゆめ》。

しかし、そのことを知っていた政子《まさこ》は「**その夢《ゆめ》、悪い夢《ゆめ》だよ↓悪い夢《ゆめ》を人に話すとヤバいことがおこるらしいよ↓**」とまったく逆《ぎゃく》のことを言っておどかし、おびえる妹に「**だいじょうぶ、その夢《ゆめ》、私が買ってあげるっ↑✨**」と提案《ていあん》。妹のみた夢《ゆめ》を買いとったのです。

「**(妹からうばった)夢《ゆめ》の効果《こうか》でいったいどんな幸福がおとずれるのかしら♥**」

ドキドキしながら待っている政子《まさこ》はこんな夢《ゆめ》をみました。白い鳩《はと》が飛んできて、その鳩《はと》が口から政子《まさこ》のヒザに金の箱をはきだします。箱の中には一通の手紙が入っていて、「**だれからかしら?**」そう思ったところで目がさめるのです。

するとそこに、じっさいに一通の手紙がとどきました。手紙の差出人は源《みなもとの》頼朝《よりとも》。

「**キタ――――!!!**」

このタイミング、この人がいずれ天下《てんか》をおさめるほどの超《ちょう》幸運をもたらす、私の運命の人にちがいない、そう確信《かくしん》した政子《まさこ》は、頼朝《よりとも》と文通、交際《こうさい》を開始します。

聖地《せいち》 神奈川県・鶴岡八幡宮《つるがおかはちまんぐう》

鎌倉幕府《かまくらばくふ》の行事の中心地だった場所。頼朝《よりとも》が政子《まさこ》のためにつくった参道《さんどう》の段葛《だんかずら》をいまも歩くことができる。

流人《るにん》 追放《ついほう》された罪人《ざいにん》のこと。

浮気《うわき》発覚で修羅場《しゅらば》

しかし、はやくも試練がおとずれます。政子《まさこ》の父・時政《ときまさ》が交際《こうさい》に猛反対《もうはんたい》したのです。頼朝《よりとも》は北条家《ほうじょうけ》が監視《かんし》している流人《るにん》。そんな人物からは、娘《むすめ》をはやく引きはなさなければと、政子《まさこ》をむりやり別の男性《だんせい》に嫁《とつ》がせてしまいました。

ところが政子《まさこ》はあきらめません。なんと大雨の降《ふ》る夜にこっそり嫁《とつ》ぎ先《さき》をぬけだし、けわしくまっ暗な山道を、泥《どろ》だらけになりながらひたすら歩きつづけ、命がけで頼朝《よりとも》のもとにもどってきたのです！

娘《むすめ》の本気ぶりを知った時政《ときまさ》はふたりの結婚《けっこん》をみとめ、北条家《ほうじょうけ》が頼朝《よりとも》の活動を全面的にバックアップするようになりました。これ以降《いこう》、頼朝《よりとも》は関東でちゃくちゃくと力をのばし、鎌倉《かまくら》（神奈川県鎌倉市《かまくらし》）に本拠地《ほんきょち》をおいて鎌倉《かまくら》殿《どの》とよばれるようになります。政子《まさこ》

も御台所《みだいどころ》とよばれ、頼朝《よりとも》との間に長女・大姫《おおひめ》をさずかるなど、公《こう》私《し》ともに順風満帆《じゅんぷうまんぱん》！　だったのですが……。

家庭はとつぜん、修羅場《しゅらば》と化《か》します。**頼朝《よりとも》の浮気《うわき》が発覚**したのです！

それが発覚したのは政子《まさこ》が長男（のちの2代将《しょう》軍《ぐん》・源頼家《みなもとのよりいえ》）を出産した直後でした。

「**嫁《よめ》の妊娠《にんしん》・出産という人生の一大イベント中になにしてくれんねんゴルァ╬╬╬**」とブチきれた政子《まさこ》は、なんと部下に命じて密会《みっかい》場所を襲撃《しゅうげき》させてめちゃくちゃに破壊《はかい》します！！！

段葛《だんかずら》 鶴岡八幡宮《つるがおかはちまんぐう》から由比ヶ浜《ゆいがはま》につうじる若宮大路《わかみやおおじ》の中央の一段《いちだん》高い道のこと。頼朝《よりとも》時代から改修《かいしゅう》はされているものの、現在《げんざい》も残っていて歩くことができる。

愛《あい》の道・段葛《だんかずら》

この襲撃事件《しゅうげきじけん》は周囲の人間を巻《ま》きこんで大さわぎになりましたが、政子《まさこ》のすさまじい嫉妬《しっと》ぶかさは、夫《おっと》・頼朝《よりとも》への愛情《あいじょう》の裏《うら》がえし。

かつての、真夜中に山道を歩き、命がけで頼朝《よりとも》のもとにもどってきたという、ハンパなくいちずなエピソードからもわかるように、政子《まさこ》は頼朝《よりとも》が心《こころ》の底から大好きでした。

彼《かれ》の浮気《うわき》には機嫌《きげん》をそこねましたが、ふだんは頼朝《よりとも》を一生懸命《いっしょうけんめい》支《ささ》え、夫《おっと》が戦《いくさ》に出かけたときなどは、ひそかに鶴岡八幡宮《つるがおかはちまんぐう》にお百度参りをして無事を祈《いの》っていたのです。

そして頼朝《よりとも》も、やっぱり妻《つま》・政子《まさこ》を大切に思っていました。そのあかしが、鶴岡八幡宮《つるがおかはちまんぐう》の参道《さんどう》・段葛《だんかずら》です。このあたりは水はけが悪くぬかるんでいて、歩きにくい道でした。そこで頼朝《よりとも》は、政子《まさこ》が長男の妊娠《にんしん》中に安産祈願《きがん》もかねて、ぬかるみから一段《いちだん》高いところに舗装《ほそう》した道・段葛《だんかずら》をつくり、妊婦《にんぷ》でも安心して歩けるようにしたんです。

ときにはげしく夫婦《ふうふ》ゲンカをすることがあっても、ふたりは深く愛《あい》しあっ

こぼれ話

襲撃事件《しゅうげきじけん》後日談

頼朝《よりとも》は激怒《げきど》して、襲撃《しゅうげき》に参加したメンバーの髷《まげ》をバッサリ切りおとした。するとこんどは政子《まさこ》の父・時政《ときまさ》が「**調子にのってんじゃねーぞゴルァ#**」と激怒《げきど》。それでも頼朝《よりとも》が浮気《うわき》相手をかばいつづけたため、政子《まさこ》もさらに激怒《げきど》して、密会《みっかい》現場《げんば》を提供《ていきょう》していた家臣を流罪《るざい》に処《しょ》した。壮絶《そうぜつ》な夫婦《ふうふ》ゲンカ……。

三寅《みとら》 3代将軍《しょうぐん》・源実朝《みなもとのさねとも》が亡《な》くなって頼朝《よりとも》の血筋《ちすじ》がたえたことにより、摂関家《せっかんけ》（摂政《せっしょう》・関白《かんぱく》となる家柄《いえがら》の公家《くげ》）からむかえた将軍《しょうぐん》。藤原頼経《ふじわらのよりつね》。

ていました。

やがて頼朝《よりとも》が鎌倉《かまくら》に幕府《ばくふ》をひらき、征夷大将軍《せいいたいしょうぐん》に就任《しゅうにん》。その後ひと月もたたないうちに政子《まさこ》が次男（のちの3代将軍《しょうぐん》・源実朝《みなもとのさねとも》）を出産します。

政子《まさこ》と頼朝《よりとも》は名実ともに日本一《にほんいち》の夫婦《ふうふ》になり、幸せの絶頂《ぜっちょう》にのぼりつめました。ただ、幸せな時間は長くはつづかなかったのです。

尼将軍《あましょうぐん》として

まず長女・大姫《おおひめ》が病で命をおとし、それから2年もたたないうちに、頼朝《よりとも》が突然《とつぜん》亡《な》くなってしまいました。政子《まさこ》はショックのあまり、出家《しゅっけ》して尼《あま》になります。しかしその後も、次女が病気で、2代将軍《しょうぐん》となった頼家《よりいえ》が暗殺《あんさつ》で、3代将軍《しょうぐん》となった実朝《さねとも》も暗殺《あんさつ》で死亡《しぼう》……。子どもたち全員に先立たれてしまうのです。

政子《まさこ》は自分も死のうと思いつめますが、時代がゆるしてくれません。4代将軍《しょうぐん》として迎《むか》えた三寅《みとら》がまだ2歳《さい》であったため、政子《まさこ》が将軍《しょうぐん》の代行《だいこう》をすることになったのです。

こぼれ話

頼朝《よりとも》の浮気《うわき》について

現代の感覚だと、完全に浮気《うわき》した頼朝《よりとも》が悪いが、当時は、頼朝《よりとも》のように地位の高い男性《だんせい》は、正妻《せいさい》のほかに複数《ふくすう》の女性《じょせい》をそばにおくのが普通《ふつう》だった。なので、頼朝《よりとも》を責《せ》めるのはちょっと酷《こく》な気もする。しかし、そんな世間の常識《じょうしき》は政子《まさこ》にはまったく通用しない。よそはよそ、うちはうち！

御家人《ごけにん》
鎌倉幕府《かまくらばくふ》と主従《しゅじゅう》関係にある武士《ぶし》のこと。

承久の乱《じょうきゅうのらん》
承久《じょうきゅう》3年（1221年）、朝廷《ちょうてい》の後鳥羽上皇《ごとばじょうこう》が鎌倉幕府《かまくらばくふ》をたおそうと挙兵《きょへい》した事件《じけん》。幕府《ばくふ》はこれを鎮圧《ちんあつ》し、公家《くげ》よりも武士《ぶし》が優位《ゆうい》に立つことが決定的となった。

政子《まさこ》は〝尼将軍《あましょうぐん》〟とよばれるようになり、承久《じょうきゅう》の乱《らん》が起こったときには、御家人《ごけにん》たちを前に演説《えんぜつ》をおこないました。

「皆《みな》さん、これは私の最後の言葉です。心《こころ》をひとつにして聞いてください。頼朝《よりとも》さまが関東に武士《ぶし》の政権《せいけん》をたててから、私たちの生活は豊《ゆた》かに、幸せになりました。これはすべて、頼朝《よりとも》さまのおかげです。そのご恩《おん》は山よりも高く、海よりも深いのです。もし、敵側《てきがわ》につくという人がいるのなら、今すぐ前に出て、私を殺してゆきなさい！」

頼朝《よりとも》がひらいた鎌倉幕府《かまくらばくふ》を、夫《おっと》の死後も、妻《つま》として決死《けっし》の覚悟《かくご》で守ろうとした政子《まさこ》。彼女《かのじょ》の言葉は御家人《ごけにん》たちの胸《むね》をうち、一丸《いちがん》となって戦《たたか》う覚悟《かくご》を決めさせるのにじゅうぶんでした。こうして承久《じょうきゅう》の乱《らん》は、幕府《ばくふ》側の大勝利で鎮《ちん》圧《あつ》されたのです。

頼朝《よりとも》の妻《つま》が政子《まさこ》ではなかったら、歴史はまったくちがうものになっていたでしょう。愛《あい》の力は偉大《いだい》です。

こぼれ話

頼朝《よりとも》の死因《しいん》

じつは頼朝《よりとも》の死因《しいん》はよくわかっていない。鎌倉幕府《かまくらばくふ》の正式な歴史書である『吾《あ》妻鑑《づまかがみ》』にも記録がないのだ。川を馬にのってわたろうとして落馬したのが原因《げんいん》という説もあるが、確証《かくしょう》はない。日本史のミステリーのひとつである。

政子《まさこ》の怒《いか》りのレベル

嫉妬深《しっとぶか》い政子《まさこ》
ドガ
浮気《うわき》相手は お前かあ！
またもや 浮気《うわき》発覚
どうかおさえて くれ政子《まさこ》！
お前が おこると 国がほろぶ
ギギ ギギ
ぐぬぬぬぬ… そうねちょっと
フー
不愉快《ふゆかい》なだけよ
ひいい
殺されるう
つぶやき一つで 浮気《うわき》相手も 逃《に》げだす怖《こわ》さ

ほーりー's 解説

政子《まさこ》が不快感《ふかいかん》をつぶやいただけで
浮気《うわき》相手が逃《に》げた、というのは史実《しじつ》です。

スケールが大きい!!

陰《かげ》に日向《ひなた》に 頼朝《よりとも》を支《ささ》える政子《まさこ》
私のために 祈《いの》りをささげて くれているのか
政子《まさこ》に感謝《かんしゃ》を あらわすいい方法は ないだろうか
うーん…
歩きやすい 参道《さんどう》をつくったよ
まあ
鶴岡八幡宮《つるがおかはちまんぐう》の 段葛《だんかずら》である

ほーりー's 解説

本文（p52）にもあるように史実《しじつ》です。
プレゼントが“道”ってすごいね?!

聖地《せいち》 京都府・醍醐寺《だいごじ》

秀吉《ひでよし》とお寧《ね》がお花見をたのしんだ世界遺産《いさん》のお寺。現在《げんざい》も桜《さくら》の名所として知られている。

お寧《ね》♥豊臣秀吉《とよとみひでよし》

キイワード

【織豊政権《しょくほうせいけん》】

戦国時代《せんごくじだい》を終わらせた織田信長《おだのぶなが》と、そのあとをついで天下統一《てんかとういつ》をなしとげた豊臣秀吉《とよとみひでよし》によってつくられた、統一政権《とういつせいけん》のこと。わずか30年あまりの短い期間ですが、日本史上きわめて重要な時期なので、ひとつの時代区分《くぶん》としてあつかわれています。信長《のぶなが》と秀吉《ひでよし》のそれぞれの拠点《きょてん》から、安土《あづち》・桃山《ももやま》時代《じだい》とよばれることも。

美女《びじょ》と野獣《やじゅう》（猿《さる》）？の恋愛結婚《れんあいけっこん》

このふたりは、政略結婚《せいりゃくけっこん》があたりまえの戦国時代《せんごくじだい》にめずらしく恋愛結婚《れんあいけっこん》したカップルです。

秀吉《ひでよし》は、織田信長《おだのぶなが》に、最初は草履《ぞうり》とりとして仕《つか》えていましたが、気がきいて仕事がよくできたことから信頼《しんらい》され、小者《こもの》、そして足軽組頭《あしがるくみがしら》へと出世した将来《しょうらい》有望株《かぶ》。お寧《ね》は秀吉《ひでよし》とおなじ、足軽組頭《あしがるくみがしら》・浅野長勝《あさのながかつ》の養女《ようじょ》でした。

お寧's PROFILE

天文《てんぶん》11年（1542年）？※諸説《しょせつ》あり
～寛永元年《かんえいがん》（1624年）9月6日

杉原定利《すぎはらさだとし》の子、浅野長勝《あさのながかつ》の養女《ようじょ》→豊臣秀吉《とよとみひでよし》の正室《せいしつ》。しっかりもの。便秘《べんぴ》ぎみ。

豊臣秀吉's PROFILE

天文《てんぶん》6年（1537年）2月6日
～慶長《けいちょう》3年（1598年）8月18日

戦国武将《せんごくぶしょう》／織田信長《おだのぶなが》の部下→天下人《てんかびと》（関白《かんぱく》、太閤《たいこう》）。猿顔《さるがお》。主人の信長《のぶなが》からは、「ハゲネズミ」とよばれた記録あり（p36参照）。

足軽組頭《あしがるくみがしら》 足軽《あしがる》は武士《ぶし》に仕《つか》える下級武士《ぶし》。組頭《くみがしら》は何人かの足軽《あしがる》のリーダー。

小者《こもの》 武士《ぶし》の主人に仕《つか》える雑《ざつ》用《よう》係。草履《ぞうり》とりよりは一段階《だんかい》上。

草履《ぞうり》とり 武士《ぶし》の主人の草履《ぞうり》をもって歩く召使《めしつかい》。使い走りのようなこともする。

ふたりはたちまち恋《こい》に落ち、結婚《けっこん》を決めます。お寧《ね》の家族からは大反対されましたが、それをおしきり、藁《わら》と薄《うす》い敷物《しきもの》をしいただけの粗末《そまつ》な長屋でひっそり祝言《しゅうげん》をあげました。

お寧《ね》は秀吉《ひでよし》より若《わか》く、美人でしっかり者。秀吉《ひでよし》が一目《ひとめ》ぼれするのもわかる気がするのですが、お寧《ね》は秀吉《ひでよし》のどこが好きになったんでしょうか？

秀吉《ひでよし》が超絶《ちょうぜつ》イケメンだった！　わけではありません。彼《かれ》の顔は個性《こせい》的で、江戸時代《えどじだい》に書かれた本には、よび名は「猿《さる》」とあります。肖像《しょうぞう》画を見ると、たしかにそれっぽい?!　また、小柄《こがら》で体毛《たいもう》がうすく、右手の指も六本あったと伝わっています。それでも、彼《かれ》はまったくマイナスと考えなかったよう。社交的で明るい性格で、信長《のぶなが》に一生懸命《いっしょうけんめい》に仕《つか》え、同僚《どうりょう》たちと切磋琢磨《せっさたくま》し、出世をめざして前向きに仕事にとりくんでいたのです。

お寧《ね》はそんな秀吉《ひでよし》がもつ魅力《みりょく》にひかれたのでしょう。**見る目ある〜！**

秀吉《ひでよし》、お寧《ね》の体調（便秘《べんぴ》）を気づかう

信長《のぶなが》のもとで順調に出世してゆく秀吉《ひでよし》でしたが、お寧《ね》にはひとつ悩《なや》みがあ

こぼれ話

なぜお寧《ね》の家族は結婚《けっこん》を反対したのか？

秀吉《ひでよし》は貧《まず》しい農民の家に生まれ、はやくに家を出て各地を転々とし、山で薪《たきぎ》を拾って売るなどして生活していた。古い莚《むしろ》以外に身をおおうものがないほどの、ホームレスのような極貧経験《ごくひんけいけん》もしている。今は信長《のぶなが》に仕《つか》えてすこしずつ出世しているが、こんな男に娘《むすめ》をまかせて本当に大丈夫《だいじょうぶ》なのか?!　と心配になったのだ。

関白《かんぱく》　天皇《てんのう》を補佐《ほさ》する公家《くげ》の最高位の職《しょく》。地位は征夷大将軍《せいいたいしょうぐん》よりも上。鎌倉時代以降《かまくらじだいいこう》は公家《くげ》が交互《こうご》にこの地位についたので、秀吉《ひでよし》がこの職《しょく》についたのは歴史的に異例《いれい》中の異例《いれい》。秀吉《ひでよし》はのちに関白《かんぱく》の座《ざ》を甥《おい》にゆずり、自分は太閤《たいこう》（前関白《かんぱく》の敬称《けいしょう》）になる。

りました。秀吉《ひでよし》が無類《むるい》の女好きだったのです。浮気《うわき》はしょっちゅうでそのたび夫婦《ふうふ》ゲンカに（側室《そくしつ》は全部で16人いたという説があります）。

ただ、秀吉《ひでよし》はお寧《ね》にはほかの女性《じょせい》たちとは別格《べっかく》の信頼《しんらい》をよせており、また大切にしていたことがわかる手紙も残っているので、現代語訳《げんだいごやく》で紹介《しょうかい》します。

「何度も言うようだけど下剤《げざい》を使って、少しでもう●ちが出るようにすればいいのにと思ってます。もしかしてもう出たのかな？　めでたい知らせをお待ちしてます。とはいえ少しは調子いいんだってね？　安心しました。帰ったらお見舞《みま》いにいきます。少しは調子いいなら安心です。ますますよい知らせがくるのを待ってます。それにしても少しでもうん●が出ればいいね。下剤《げざい》を使ってみて

淀殿《よどどの》 お市《いち》と浅井長政《あざいながまさ》（p12参照）の長女。本名は茶々《ちゃちゃ》だが、秀吉《ひでよし》が茶々《ちゃちゃ》の産所として淀城《よどじょう》をあたえたことから淀殿《よどどの》とよばれた。

はどうかな？　ではでは」

どうやらお寧《ね》はひどい便秘《べんぴ》だったようで、下剤《げざい》を使って出しちゃえば楽になるよ～とアドバイスしているんです（笑）。

女子的には「**大きなお世話っ///、ほっといてっ///**」ってかんじですが、秀吉《ひでよし》はお寧《ね》の体調を真剣《しんけん》に心配していたんでしょう。

ふたりの気のおけない夫婦《ふうふ》関係が目にうかびます。

夢《ゆめ》のまた夢《ゆめ》

秀吉《ひでよし》とお寧《ね》の間には子どもは生まれませんでした。しかしお寧《ね》はめんどう見のよい性格で、甥《おい》や姪《めい》、養子たちをとてもかわいがります。やがて秀吉《ひでよし》が関白《かんぱく》となり、若《わか》く美しい側室《そくしつ》の淀殿《よどどの》に、豊臣家《とよとみけ》の後継者《こうけいしゃ》となる秀頼《ひでより》が生まれ、正室《せいしつ》・側室《そくしつ》のパワーバランスに変化が生《しょう》じますが、秀吉《ひでよし》のお寧《ね》に対する信頼《しんらい》

大坂城《おおさかじょう》 秀吉《ひでよし》が築《きず》き、豊臣政権《とよとみせいけん》の本拠地《ほんきょち》となった城《しろ》。現在《げんざい》の大阪城《おおさかじょう》は、徳川家《とくがわけ》が江戸時代《えどじだい》に新しく建てた大坂城《おおさかじょう》の場所にある。

はゆらぎません。秀吉《ひでよし》が戦《いくさ》で城《しろ》を留守《るす》にするときは、自分のかわりに城内《じょうない》をとりしきる役割《やくわり》をお寧《ね》にまかせ、天下統一《てんかとういつ》後《ご》は、朝廷《ちょうてい》や大名の妻《つま》たちとの連《れん》携《けい》もお寧《ね》にたくしたのです。お寧《ね》は妻《つま》であり、ビジネスパートナーでした！

慶長《けいちょう》3年（1598年）、3月15日に開催《かいさい》された醍醐《だいご》の花見でのこと。宴会《えんかい》の席で秀吉《ひでよし》からまっさきに杯《さかずき》をうけたのは、後継者《こうけいしゃ》・秀頼《ひでより》の母である側室《そくしつ》の淀殿《よどどの》ではなく、正室《せいしつ》のお寧《ね》でした。

秀吉《ひでよし》は62歳《さい》、お寧《ね》は57歳《さい》。藁《わら》と薄《うす》い敷物《しきもの》をしいただけの長屋で祝言《しゅうげん》をあげてから、およそ37年の月日が流れていました。満開の桜《さくら》の下で、夫婦《ふうふ》ふたりで歩んだ道のりをなつかしくふりかえったことでしょう。

秀吉《ひでよし》は、この醍醐《だいご》の花見の5か月後に亡《な》くなります。辞世《じせい》の句《く》は、

つゆとをち(お)　つゆときへ(え)にし我《わ》が身《み》かな　難波《なには》(わ)の事もゆめのまたゆめ

「人は露《つゆ》のようにこの世に生まれ落ち、露《つゆ》のように儚《はかな》く消えてゆく。大坂城《おおさかじょう》で過《す》ごした栄光の日々も、夢《ゆめ》の中でみた夢《ゆめ》であるかのようだ」

貧《まず》しい身分から身をおこして、天下人《てんかびと》までにのぼりつめた秀吉《ひでよし》。となりに支《ささ》えつづけてくれた妻《つま》・お寧《ね》がいたからこその、夢《ゆめ》のような人生でした。

こぼれ話

醍醐《だいご》の花見ってどんなイベント？

京都《きょうと》の醍醐寺《だいごじ》で秀吉《ひでよし》が催《もよお》した。700本の桜《さくら》を移植《いしょく》して盛大《せいだい》に開催《かいさい》。イベント参加者1300人のうち、秀吉《ひでよし》、秀頼《ひでより》、秀吉《ひでよし》の親友の前田利家《まえだとしいえ》以外は女性《じょせい》で、女性《じょせい》たちには2回の衣装《いしょう》がえが命じられていたという（つまり1人3着《ちゃく》！）。秀吉《ひでよし》の派手《はで》好き＆女性《じょせい》が大好きという性格がそのまま出たような、豪華絢爛《ごうかけんらん》なお花見会だ。

わかっているお寧《ね》

ねえねえ
お寧《ね》さまはどういう殿方《とのがた》がタイプなんです?
んー藤吉郎《とうきちろう》さま?
え?藤吉郎《とうきちろう》?!
あんな猿《さる》のどこがいいんですか
なんか大物《おおもの》になりそうな気がするのよねえ
元気だな
よっサル!!
え!

ほーりーs ツッコミ

しかし、まさか、
天下統一《てんかとういつ》までしちゃうとはねぇ〜!

わかっている秀吉《ひでよし》

まーた浮気《うわき》なさって!
いいかげんにしなさい!
いちばん大事なのはお寧《ね》だよう
はいこれプレゼント
うん●がいーっぱいでますように
下剤《げざい》!
うれしい!
仲がよいな

ほーりーs ツッコミ

下剤《げざい》で浮気《うわき》がチャラになる?!
(いや、なりません!! お寧《ね》より)

"まことにおもしろき"おバカップル！

お龍《りょう》 ♥ 坂本龍馬《さかもとりょうま》

キイワード【幕末《ばくまつ》】

江戸《えど》幕府《ばくふ》が政権《せいけん》をにぎった時代の末期《まっき》を幕末《ばくまつ》といいます。時期にかんしては諸説《しょせつ》ありますが、嘉永《かえい》6年（1853年）の黒船来航《くろふねらいこう》から、慶応《けいおう》3年（1867年）の大政奉還《たいせいほうかん》までの十数年ほどは、とくに混乱《こんらん》がつづいていました。そんななかで、日本の新時代を夢《ゆめ》みて活躍《かつやく》したのが坂本龍馬《さかもとりょうま》です。

寺田屋《てらだや》 京都伏見《きょうとふしみ》の旅籠船宿《はたごふなやど》。多くの勤王《きんのう》の志士《しし》が利用。坂本龍馬《さかもとりょうま》が定宿《じょうやど》にしていた。

乙女姉《おとめねえ》さん 坂本龍馬《さかもとりょうま》の姉。母親の死後は母がわりになって龍馬《りょうま》をそだてた。

勤王《きんのう》の志士《しし》 天皇《てんのう》に忠誠《ちゅうせい》をつくすために働こうという志《こころざし》のある武士《ぶし》や浪士《ろうし》のこと。

"まことにおもしろき女"お龍《りょう》

坂本龍馬《さかもとりょうま》は京都伏見《きょうとふしみ》の寺田屋《てらだや》で、故郷《こきょう》・土佐《とさ》（高知県）の乙女《おとめ》姉さんあての手紙を書きました。内容《ないよう》は自分の恋人《こいびと》、お龍《りょう》についてです。

お龍《りょう》は、勤王《きんのう》の志士《しし》を応援《おうえん》していた医者の娘《むすめ》で23歳《さい》。女3人、男ふたり兄弟の長女で、裕福《ゆうふく》な家庭でそだちましたが、父親が急死したために一家は路頭《ろとう》にまよいました。

すっかり貧乏《びんぼう》になり、お龍《りょう》が家財道具《かざいどうぐ》を売って、なんとか母親と兄弟姉妹《しまい》をやしなっていましたが、ついにお金が底をつき、一家はバラバラに奉公《ほうこう》にでることになります。

13歳《さい》の妹は美人だったので京都《きょうと》で舞妓《まいこ》になりましたが、16歳《さい》の妹はだまされて大坂《おおさか》に遊女として売られてしまいました。

これを知ったお龍《りょう》は一目散《いちもくさん》に大坂《おおさか》に行き、刃物《はもの》をもって「**妹を返せ！**」と直談判《じかだんぱん》。妹をつれ去った悪い男たちにとびかかり、胸《むね》ぐらをつかんでなぐりつけました。男たちに「**殺すぞ！**」とどなられてもまったく動じず、「**こっち**

坂本龍馬's PROFILE

天保《てんぽう》6年（1836年）11月15日？
〜慶応《けいおう》3年（1867年）11月15日

土佐藩脱藩《とさはんだっぱん》の志士《しし》。背《せ》が高い。剣《けん》の達人《たつじん》だがピストルも使いこなした。

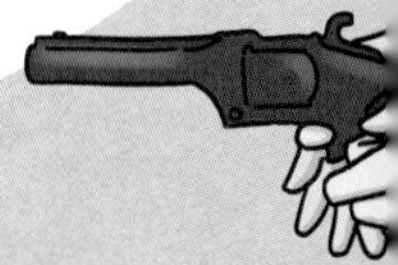

お龍's PROFILE

天保《てんぽう》12年（1841年）6月6日
〜明治《めいじ》39年（1906年）1月15日

京都《きょうと》の町医者の娘《むすめ》→坂本龍馬《さかもとりょうま》の妻《つま》。
感情《かんじょう》の起伏《きふく》がはげしい。

聖地《せいち》 鹿児島県・霧島《きりしま》市

龍馬《りょうま》とお龍《りょう》が新婚《しんこん》旅行でおとずれた場所。温泉《おんせん》や自然を満喫《まんきつ》した。

薩長同盟《さっちょうどうめい》
薩摩《さつま》（鹿児島県）藩《はん》と長州《ちょうしゅう》（山口県）藩《はん》との間でむすばれた軍事同盟《どうめい》。薩長連合《さっちょうれんごう》とも。仲が悪かった両藩《はん》の間に、坂本龍馬《さかもとりょうま》たち土佐藩《とさはん》の人びとが入って話をまとめた。

は殺されてもいいと思って大坂《おおさか》まで来てるんだ、殺せ殺せ！」と啖呵《たんか》をきって、ついに妹をとりもどし、京都《きょうと》に帰ってきたといいます。

龍馬《りょうま》は、そんなお龍《りょう》を、〝まことにおもしろき女〟なのでいつか故郷《こきょう》につれて帰りたい、と長い長～い文章で乙女《おとめ》姉さんに紹介《しょうかい》。

ベタ惚《ぼ》れだったようですね♥

ラブラブ新婚《しんこん》旅行

寺田屋事件《てらだやじけん》での敵《てき》との戦《たたか》いで傷《きず》をおってしまった龍馬《りょうま》。手をさしのべたのは薩摩《さつま》（鹿児島県《かごしまけん》）藩《はん》でした。龍馬《りょうま》とお龍《りょう》をかくまって治療《ちりょう》させたうえに、ふたりを鹿児島療養《かごしまりょうよう》旅行に招待《しょうたい》したのです。龍馬《りょうま》とお龍《りょう》にとっては、これが事実上の新婚《しんこん》旅行でした。

鹿児島《かごしま》についたふたりは、霧島《きりしま》で温泉《おんせん》を満喫《まんきつ》。滝《たき》の名所に行ってみたり、川で魚を釣《つ》ったり、ピストルで鳥を撃《う》ったり、気ままな日々をすごします。

龍馬《りょうま》が出かけるときはお龍《りょう》もいっしょについてきて、ずっとそばにいました。旅のお供《とも》をしていた少年の目の前でイチャつきはじめることも度々《たびたび》だったそ

こぼれ話

寺田屋事件《てらだやじけん》“おもしろき女”が大活躍《だいかつやく》！

薩長同盟《さっちょうどうめい》のあと、寺田屋《てらだや》で龍馬《りょうま》が反対勢力《せいりょく》に襲撃《しゅうげき》される事件《じけん》が起こった。このときはお風呂《ふろ》に入っていたお龍《りょう》がまっさきに異変《いへん》に気づき、はだかに着物一枚《まい》だけひっかけて、帯もせずに庭にとびおり、裏《うら》にあるヒミツの梯子《はしご》で龍馬《りょうま》のいる二階の座敷《ざしき》にかけつけて危機《きき》を知らせたという。度胸《どきょう》と行動力がスゴイ！

霧島《きりしま》

鹿児島県霧島《きりしま》市、自然ゆたかな観光地。龍馬《りょうま》とお龍《りょう》は、高千穂峰《たかちほのみね》にのぼり、天逆鉾《あまのさかほこ》（神様が落として山につきささったと伝わる神聖《しんせい》な鉾《ほこ》）を見学したとき、お龍《りょう》が**「ぬいてみたい！」**といいだしたのでふたりで引っこぬいたという。よっぽどテンションあがってたんだろうけど、今なら炎上案件《えんじょうあんけん》です！

う。あら、バカップル♥

お龍《りょう》は龍馬《りょうま》にしなだれかかるように歩いていたかと思うと、急に怒《おこ》ってはなれてみたり、ずっと口をきかなかったりと、少年の目から見るとずいぶん自分勝手でいっぷう変わった女性《じょせい》だったようですが、龍馬《りょうま》はそこが気に入っていたもよう。

ふたりがケンカをして、嫌《いや》なムードになったときは、龍馬《りょうま》のほうから謝《あやま》って、**「仲なおりをしよう」**とお龍《りょう》の手をにぎって泣いたこともあったとか。あらあら、バカップル♥

龍馬《りょうま》にとっては、久《ひさ》しぶりに殺伐《さつばつ》とした日常《にちじょう》からはなれ、愛《あい》する人と水入《みずい》らずの時間をすごすことができ、かけがえのない休日になりました。

龍馬暗殺《りょうまあんさつ》

新婚《しんこん》旅行でリフレッシュしてふたたび走りだした龍馬《りょうま》は、貿易《ぼうえき》業に力を入れて日本各地をとびまわりました。お龍《りょう》のことは、薩長同盟《さっちょうどうめい》を結んだことで縁《えん》ができた長州《ちょうしゅう》（山口県）藩《はん》下関《しものせき》に住まわせてめんどうを見ることにします。

こぼれ話

お供《とも》の少年は見た！

旅行中、龍馬《りょうま》はお龍《りょう》を**「お龍《りょう》さん」**とさんづけでよんでいたという。当時の女性《じょせい》は、夫《おっと》から名前のよびすてや、お前、などとよばれることがあたりまえだったので、龍馬《りょうま》がいかにお龍《りょう》をひとりの人間として大切に思い、愛《あい》していたかがうかがえる。

巌流島《がんりゅうじま》 山口県下関市《しものせき》にある小島。正式名称《めいしょう》は船島《ふなしま》だが、宮本武蔵《みやもとむさし》と佐々木小次郎《ささきこじろう》の決闘《けっとう》が行われたため、小次郎《こじろう》の流儀《りゅうぎ》をとって巌流島《がんりゅうじま》とよばれている。

龍馬《りょうま》が下関《しものせき》に滞在《たいざい》するときはお龍《りょう》といっしょに過《す》ごし、夜にこっそり小舟《こぶね》にのって、ふたりだけで巌流島《がんりゅうじま》にゆき、花火をあげることも。**ロマンチック……♥**

こんな幸せな日々も慶応《けいおう》3年（1867年）11月15日夜、京都近江屋《きょうとおうみや》で龍馬《りょうま》が暗殺《あんさつ》されたことで突然《とつぜん》終わりを告げました。死亡《しぼう》のしらせを聞いたお龍《りょう》は髪《かみ》を切って仏壇《ぶつだん》にささげて号泣《ごうきゅう》したといいます。

その後、お龍《りょう》は**「わたしは坂本龍馬《さかもとりょうま》の妻《つま》」**という強烈《きょうれつ》なプライドもあって、周囲となじめず、最期《さいご》はひとりさびしく亡《な》くなりました。

彼女《かのじょ》はもともと裕福《ゆうふく》な家庭でそだったため、芸事《げいごと》や教養は身につけていましたし、かなりの美人でもありましたが、家事がからっきしできません。さらに自己主張《じこしゅちょう》が強く、気まぐれではげしい性格もあって、一般人《いっぱんじん》の生活からはどうしてもはみだしてしまったのです。

そうした普通《ふつう》はマイナスと受けとられてしまうような部分を**「おもしろい！」**といって愛《あい》した龍馬《りょうま》。

本当にいい男だと、つくづく思います。

こぼれ話

周囲になじめなかったお龍《りょう》

龍馬《りょうま》の死後、お龍《りょう》は土佐《とさ》の坂本家《さかもとけ》にひきとられたが、龍馬《りょうま》の兄とのおりあいが悪く、妹婿《むこ》の家にうつった。そこでも長居《ながい》ができず各地を転々。東京にもなじめず、横須賀《よこすか》で再婚《さいこん》するもアルコール依存症《いぞんしょう》になり、被害妄想《ひがいもうそう》があだとなって再婚《さいこん》相手にも逃《に》げられてしまった。

君の名は

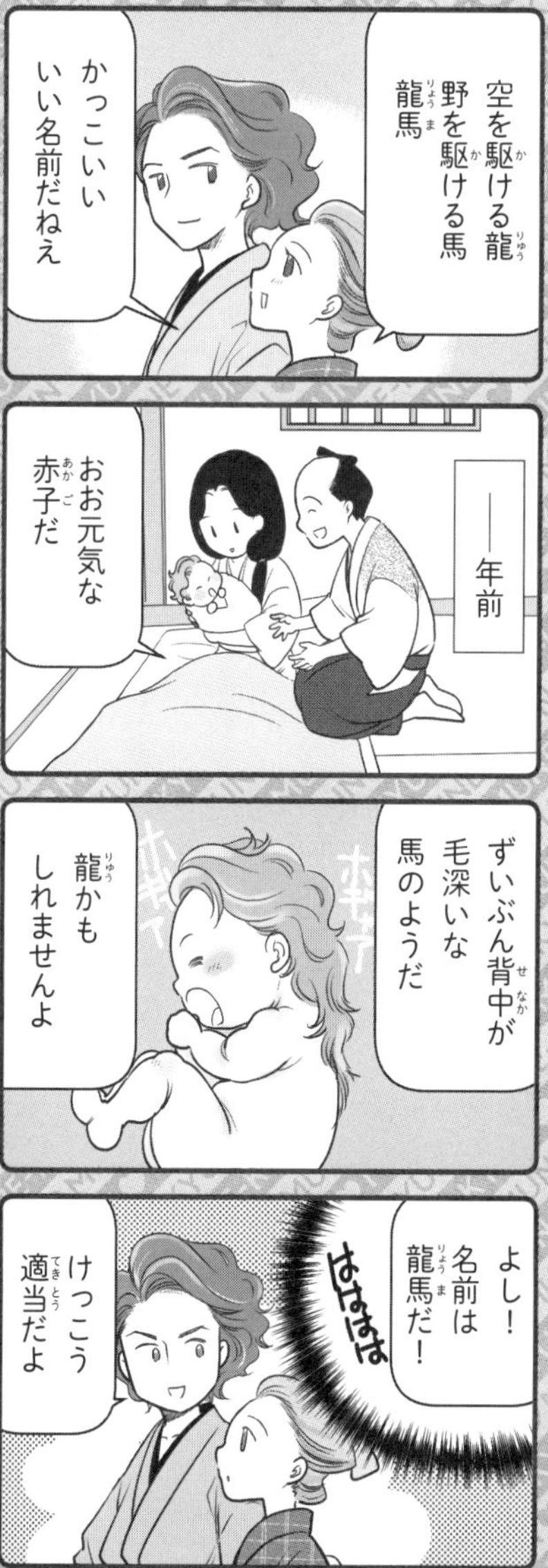
空を駆《か》ける龍《りゅう》
野を駆《か》ける馬
龍馬《りょうま》
かっこいい
いい名前だねえ
——年前
おお元気な
赤子《あかご》だ
ずいぶん背中《せなか》が
毛深いな
馬のようだ
龍《りゅう》かも
しれませんよ
よし!
名前は
龍馬《りょうま》だ!
ははは
けっこう
適当《てきとう》だよ

ほーりーs 解説

龍馬《りょうま》の背中《せなか》には実際《じっさい》に馬の
タテガミのような毛が生えていました。

どこでもいっしょ

好き好き
龍馬《りょうま》
どこまでも
いっしょぜよ!
海を
わたるのも
いっしょぜよ!
ピンチのときも
いっしょぜよ!
開けろおお
龍馬《りょうま》ああ
かわやは
かんべんぜよ

ほーりーs 解説

かわや＝トイレのこと。どんなに好きでも
おたがいのプライベートは大事にね！

胸《むね》キュン通信 2

〝結婚《けっこん》〟の歴史《れきし》

じつは、時代や身分によって〝結婚《けっこん》〟のスタイルはだいぶちがいます。第2章の登場人物を例にザックリ説明しますね。

菩岐岐美郎女《ほききみのいらつめ》&聖徳太子《しょうとくたいし》の時代の貴族《きぞく》は、夫婦《ふうふ》は別居《べっきょ》で、夫《おっと》がそのつど妻《つま》の家をおとずれる**妻問婚《つまどいこん》**（**通《かよ》い婚《こん》**）がメイン。妻《つま》は結婚《けっこん》後も実家で暮《く》らします。このため妻《つま》の実家の影《えい》響《きょう》力がとても大きかったんです。

やがて男子15歳《さい》、女子13歳《さい》以上になったら結婚《けっこん》OK（年齢《ねんれい》はこれ以降《いこう》、時代によって変わる）、人の妻《つま》をうばうのはNG、などさまざまなルールがつくられていきます。

そして平安時代には、夫《おっと》は、のちの正室《せいしつ》にあたる第一の妻《つま》と一定の別居《べっきょ》期間をへて妻《つま》の家で同居《どうきょ》（**婿《むこ》取《と》り婚《こん》**）もしくは新居《しんきょ》をかまえるように。また、側室《そくしつ》にあたる第二、第三の妻《つま》はそれぞれの家で夫《おっと》が来るのを待つようになりました。

このころには、**婚礼《こんれい》**（**祝言《しゅうげん》**、**結婚式《けっこんしき》**）もおこなわれるようになります。夜、男子が女子の家にひそかにかよい、3日目に女子の家に用意されたお餅《もち》をたべる、これが三日夜餅《みかよのもち》という式のハイライト（地味！）。翌朝《よくあさ》には新郎《しんろう》が新婦《しんぷ》の一族にお披露目《ひろめ》されます。

北条政子《ほうじょうまさこ》&源頼朝《みなもとのよりとも》の時代=平安時代末期〜鎌倉時代《かまくらじだい》になると、武士《ぶし》の間で、夫《おっと》の家に妻《つま》をむかえる**嫁取《よめと》り婚《こん》**がはじまりました。武士《ぶし》は土地を守るのが仕事ですから、結婚《けっこん》したからといって、自分の土地をはなれるわけにはいかなかったからです。

戦国時代《せんごくじだい》の有力な武士《ぶし》の婚礼《こんれい》は盛大《せいだい》で、引き出物[※1]や三三九度《さんさんくど》[※2]、お色なおし[※3]など数々のセレモニーがおこなわれました。

しかし多くの場合は、自分たちのできる範囲《はんい》でかんたんにすませたようです。**お寧《ね》&秀《ひで》吉《よし》**のように、お金がなくて形だけの祝言《しゅうげん》をあげたカップルもすくなくなかったでしょうね。

江戸《えど》時代には、妻問婚《つまどいこん》、婿取《むこと》り婚《こん》、嫁取《よめと》り婚《こん》にくわえ、夫婦《ふうふ》どちらの実家ともかかわりのない場所で生活をする、**独立婚《どくりつこん》**ともいうべきスタイルも生まれました。**お龍《りょう》&龍馬《りょうま》**などはこのパターンです。

こんなふうに時代に合わせて結婚《けっこん》のカタチは変わるもの。これからも変わっていくはずですよ！

※1 引き出物…宴席《えんせき》の出席者に贈《おく》る品物。もともとは、馬を庭に引き出して贈《おく》り物《もの》にした。※2 三三九度《さんさんくど》…3つの杯《さかずき》があり、それぞれの杯《さかずき》に3回ずつ、合計9回口をつけてお酒を飲む作法。※3 お色なおし…花嫁《はなよめ》が白無垢《しろむく》から華《はな》やかな衣装《いしょう》に着がえること。

ほーりーのモテメイク講《こう》座《ざ》

平《へい》安《あん》〜安《あ》土《づち》桃《もも》山《やま》編《へん》

（女子）

・日本独自《どくじ》のメイクが発達

・お白粉《しろい》の白、紅《べに》の赤、墨《すみ》の黒の3色づかい

第3章

短《みじか》くも愛《あい》し愛《あい》され…胸《むね》キュン!!

いっしょに過《す》ごした
時間《じかん》は短《みじか》くても、
深《ふか》く深《ふか》く愛《あい》しあった
3組《くみ》のカップルたち♡

定子《ていし》♥一条天皇《いちじょうてんのう》

キイワード

【平安時代《へいあんじだい》】

桓武天皇《かんむてんのう》が平安京《へいあんきょう》に都《みやこ》をうつした延暦《えんりゃく》13年（794年）ごろから、鎌倉幕府《かまくらばくふ》成立までの、およそ400年を平安時代《へいあんじだい》とよびます。宮中《きゅうちゅう》に仕《つか》える女性《じょせい》（女房《にょうぼう》）たちによる文学がさかんになり、一条天皇《いちじょうてんのう》の中宮《ちゅうぐう》・定子《ていし》に仕《つか》えた清少納言《せいしょうなごん》の『枕草子《まくらのそうし》』、中宮《ちゅうぐう》・彰子《しょうし》に仕《つか》えた紫式部《むらさきしきぶ》の『源氏物語《げんじものがたり》』など名作がうまれました。

定子's PROFILE

貞元元年《じょうげんがんねん》（976年）
〜長保《ちょうほう》2年（1000年）12月16日

藤原道隆《ふじわらのみちたか》の長女→一条天皇《いちじょうてんのう》の中宮《ちゅうぐう》。みた目よし、頭よし、性格よし。

藤原道隆《ふじわらのみちたか》藤原伊周《ふじわらのこれちか》 p74こぼれ話参照。

入内《じゅだい》 后妃《こうひ》が正式に天皇《てんのう》のいる御所《ごしょ》内に入ること。つまり結婚《けっこん》したということ。

中宮《ちゅうぐう》 天皇《てんのう》の妻《つま》・皇后《こうごう》のこと。

キラキラ女子・中宮《ちゅうぐう》定子《ていし》

定子《ていし》は、朝廷《ちょうてい》で絶大《ぜつだい》な力をもつ貴族《きぞく》・藤原道隆《ふじわらのみちたか》の長女として生まれました。やがて、外見は美しく気品があって、内面は明るくて頭がよくてやさしい、非《ひ》のうちどころのない✨キラキラ女子✨に成長し、14歳《さい》で一条天皇《いちじょうてんのう》に入内《じゅだい》。中宮《ちゅうぐう》となりました。

4歳《さい》年下の一条天皇《いちじょうてんのう》は、**「彼女《かのじょ》よりも思いやりがあって大人びていてカワイくて愛《いと》しい人ってほかにいる？ いないよね！」**と、定子《ていし》にベタぼれ♥ いつもくっついていたかったようです。

あるときは、定子《ていし》と定子《ていし》の兄・藤原伊周《ふじわらのこれちか》と一条天皇《いちじょうてんのう》の3人でおしゃべりをしていたのですが、昼になったので一条天皇《いちじょうてんのう》だけ食事をとるために退出《たいしゅつ》することになりました。しかしご飯を食べ終わると、ダッシュで定子《ていし》のところにもどってきたといいます。

一条天皇's PROFILE
天元《てんげん》3年（980年）6月1日〜寛弘《かんこう》8年（1011年）6月22日
第《だい》66代天皇《だいてんのう》。猫《ねこ》好き。

聖地《せいち》 京都府・鳥辺野陵《とりべののみささぎ》

定子《ていし》の陵墓《りょうぼ》。葬儀《そうぎ》もここでおこなわれた。清少納言は、この近くの泉涌寺《せんにゅうじ》のあたりで晩年《ばんねん》をすごした。

清少納言《せいしょうなごん》
有名な歌人だった清原元輔《きよはらのもとすけ》の子。その頭のよさをかわれて定子《ていし》が17歳《さい》のころから側《そば》近くに仕《つか》え、定子《ていし》が亡《な》くなると宮仕《みやづか》えをやめた。『枕草子《まくらのそうし》』（p75参照）作者。

またあるときは、定子《ていし》の部屋に定子《ていし》の両親や兄弟が遊びにきたのですが、そこに突然《とつぜん》一条天皇《いちじょうてんのう》がやってきて、定子《ていし》を別の部屋につれていってしまいます。一条天皇《いちじょうてんのう》が自分の部屋に帰ったあとに、定子《ていし》は家族のところにもどりますが、そこにまたもや彼《かれ》から手紙がきて**「はやくいっしょに寝《ね》よう！」**とお願いされたというのです。**スゴイ独占欲《どくせんよく》（笑）**。一条天皇《いちじょうてんのう》にとって、定子《ていし》はひとりじめしたいぐらい、愛《いと》おしい存在《そんざい》だったんですね。

清少納言《せいしょうなごん》は見た！

定子《ていし》のキラキラ女子ぶりは清少納言《せいしょうなごん》も絶賛《ぜっさん》しています。

彼女《かのじょ》は、宮中《きゅうちゅう》に仕《つか》えはじめたころは、なかなか周囲となじめませんでした。

しかし定子《ていし》が、絵をもって近づいてきて、積極的に話しかけてくれたのです。それでもうつむいていましたが、袖《そで》からチラッとみえた定子《ていし》の手が、赤くかじかんでいることに気がつきました。その日は雪がふり、とても寒い日だったのです。

そんななかでも自分のためにやさしくふるまってくれる定子《ていし》に、清少納言《せいしょうなごん》

こぼれ話

定子《ていし》の両親や兄弟もキラキラだった

父・道隆《みちたか》は摂政《せっしょう》・関白《かんぱく》と大出世をとげた政治家《せいじか》だが、お酒が大好きで明るい性格、しかも病気で弱っている姿《すがた》も麗《うるわ》しいとたたえられた超《ちょう》イケメン。さらに、母は天皇《てんのう》に女官《にょかん》として仕《つか》えたキャリアウーマンで、和歌や漢文が得意なインテリ女子。さらにさらに、兄の伊周《これちか》は容姿端麗《ようしたんれい》＆めちゃくちゃ頭がよかった。

藤原道長《ふじわらのみちなが》　藤原道隆《ふじわらのみちたか》の弟。道隆《みちたか》が病死すると伊周《これちか》との権力闘争《けんりょくとうそう》に勝利し、強大な力を手に入れる。清少納言《せいしょうなごん》は、道長のスパイではないかとうたがわれたことがある。

枕草子《まくらのそうし》　日本最古《さいこ》の随筆《ずいひつ》。清少納言《せいしょうなごん》の身のまわりにおこったことを書きつづったエッセイで、定子《ていし》＆一条天皇《いちじょうてんのう》、定子《ていし》の家族たちもたびたび登場。p77こぼれ話も参照。

は「**こんなステキな人、この世に存在《そんざい》するんだな……**」と感激《かんげき》したそう。

また、藤原道長《ふじわらのみちなが》のスパイ疑惑《ぎわく》がかけられ、ショックで実家《じっか》にひきこもったときは、定子《ていし》が当時貴重《きちょう》だった紙をたくさん送ってはげましてくれました。

まえに、文字を書くことが好きな清少納言《せいしょうなごん》が「**なにもかも嫌《いや》になってしまったときでも、紙や文房具《ぶんぼうぐ》が手に入ると生きててよかったと思います（笑）**」といったのを、定子《ていし》が「**そんなことで元気になるのね✨！**」といって笑いあったことがありました。

清少納言《せいしょうなごん》自身も忘《わす》れていたような会話ですが、定子《ていし》はちゃんと覚えていたのです。そういえば、定子《ていし》は以前にも「**これはあなたに**」と大切な紙をゆずってくれました……（p77「こぼれ話」参照）。

定子《ていし》のやさしさに心《こころ》を打たれた清少納言《せいしょうなごん》は、その紙で『枕草子《まくらのそうし》』を書き、ひきこもりからぬけだすことができたのです。

人生急転！ 悲劇《ひげき》のヒロイン

清少納言《せいしょうなごん》がひきこもっていた時期は、じつは定子《ていし》にとって、とてもたいへ

こぼれ話

周囲となじめない……清少納言《せいしょうなごん》はじつは暗い性格だった?!

清少納言《せいしょうなごん》は中流の貴族《きぞく》出身。宮中《きゅうちゅう》にいる女性《じょせい》たちはスーパーセレブばかりなので、そのなかに入っていくことに引けめを感じ、夜に参内《さんだい》してこっそり物かげにかくれて目立たないようにしていた。

還俗《げんぞく》 出家《しゅっけ》した人がふたたび俗世《ぞくせ》にもどること。

隆家《たかいえ》 定子《ていし》と伊周《これちか》の弟。ヤンチャで気骨《きこつ》ある性格のイケメン貴族《きぞく》。

んな時期でした。

父の藤原道隆《ふじわらのみちたか》が亡《な》くなり、その翌年《よくねん》には兄・伊周《これちか》と弟・隆家《たかいえ》が藤原《ふじわらの》道長《みちなが》との権力闘争《けんりょくとうそう》にやぶれて左遷《させん》、流罪《るざい》になり、定子《ていし》も御所《ごしょ》からおいだされてしまうのです。

あまりのショックに定子《ていし》はみずから髪《かみ》を切って出家《しゅっけ》しましたが、さらに、おいうちをかけるように母も病にたおれ亡《な》くなってしまいます。

このとき、定子《ていし》は一条天皇《いちじょうてんのう》との間にできた子どもを妊娠《にんしん》していました。仲のよかった家族が、わずか1年でバラバラになってしまい、出家《しゅっけ》の身でたよりになる人もなく、ひとりで初めての出産にのぞまなければならなかった定子《ていし》。どれほど心細《こころぼそ》かったことでしょう。

しかし、そんな定子《ていし》に手をさしのべたのは、ほかでもない一条天皇《いちじょうてんのう》でした！　なんとしても自分がふたりを守ろうと、定子《ていし》と生まれてきた姫君《ひめぎみ》を御所《ごしょ》によびもどします。

一度出家《しゅっけ》した女性《じょせい》を還俗《げんぞく》させ、ふたたび御所《ごしょ》にむかえいれることは異例《いれい》中の異例《いれい》。しかも、当時は、天皇《てんのう》はしかるべき権力《けんりょく》をもった家から妃《きさき》をむかえるべき、という考え方が強かったため、父と兄弟をうし

こぼれ話

権力闘争《けんりょくとうそう》にやぶれた一家の悲劇《ひげき》

まずは定子《ていし》の弟・隆家《たかいえ》が流罪《るざい》となった。そして、明日は伊周《これちか》が流罪《るざい》、という日になると、定子《ていし》と母と伊周《これちか》で、手をとりあって声をあげて泣いた。夜が明けると、役人がやってきて出発をせかしたが、定子《ていし》は、伊周《これちか》の手をにぎったまま離《はな》すことができない。いよいよ連行される時間になると、母は出発しようとする車にすがりつき、**「自分もいっしょにつれていってほしい！」**と泣いてたのんだが聞きいれられず、兄は連行されていった。自宅《じたく》も焼かれた。

ない、なんの力ももたない定子《ていし》をかばう一条天皇《いちじょうてんのう》の行動は批判《ひはん》の的《まと》になります。しかし彼《かれ》はまったく動じませんでした。

涙《なみだ》の色ぞゆかしき

一条天皇《いちじょうてんのう》は、自分の部屋の近くに新しく定子《ていし》の御殿《ごてん》を建て、人目《ひとめ》をしのんで夜おそくにかよい、夜明け前に自分の部屋に帰るようになりました。好きな人といっしょにいたい、でも彼女《かのじょ》が批判《ひはん》されることがないように、という配慮《はいりょ》です。

ほんの数年前の、華《はな》やかな時代を思えば信じられないような夫婦《ふうふ》生活ですが、そんな逆境《ぎゃっきょう》のなかでもふたりは笑顔《えがお》を忘《わす》れず、まわりの人たちにも明るくふるまいました。

夫婦《ふうふ》仲はとてもよく、定子《ていし》はその後も、男の子と女の子を出産。計1男2女をもうけますが、彼女《かのじょ》のことをよく思わない新たな権力者《けんりょくしゃ》・藤原道長《ふじわらのみちなが》から徹底的《てっていてき》に冷たいあつかいをうけ、貴族《きぞく》たちからいじめにあい、最後の出産の直後、力尽《ちからつ》きたように亡《な》くなります。享年《きょうねん》25。

こぼれ話

定子《ていし》たちの「華《はな》やかな時代」が書かれた『枕草子《まくらのそうし》』

定子《ていし》が、兄の伊周《これちか》に紙をたくさんもらったことがあり、**「なにを書いたらいいかしら✨？」**と清少納言《せいしょうなごん》に聞いてきたので**「枕《まくら》もとにおいて、たまに読みかえすような、何気《なにげ》ないことを書いたらどうでしょう」**とこたえた。すると定子《ていし》は**「じゃあ、これはあなたにあげる✨！」**といって清少納言《せいしょうなごん》に紙をくれたのだという。『枕草子《まくらのそうし》』には、明るく楽しい、たわいもない話が多いが、それは定子《ていし》に、枕《まくら》もとにおいて、辛《つら》いときに読みかえして元気になってほしい、そんな思いがこめられているからなのかもしれない。

行幸《みゆき》 天皇《てんのう》が出かけること。「ぎょうこう」ともよむ。p101参照。

死の直前には、一条天皇《いちじょうてんのう》を思ってこんな歌を詠《よ》みました。

夜《よ》もすがら契《ちぎり》しことをわすれずは　恋《こ》ひ(い)む(ん)涙《なみだ》の色ぞゆかしき

「もしあなたが私と一晩中《ひとばんじゅう》愛《あい》を語りあったことを忘《わす》れていないなら、あなたは今、私を思って泣いてくれていることでしょう。その涙《なみだ》がどんな色か、見たかった……」

一条天皇《いちじょうてんのう》は天皇《てんのう》という立場から、心《こころ》から愛《あい》し、大切に思ってきた定子《ていし》の最期《さいご》をみとることも、お葬式《そうしき》に参列することもできませんでした。

その日は一晩中《ひとばんじゅう》泣きつづけ、こんな歌を詠《よ》んだといいます。

野辺《のべ》までに心《こころ》ばかりは通《かよ》へ(え)ども　わが行幸《みゆき》とも知らずやあるらむ(ん)

「葬儀《そうぎ》が行われている鳥辺野《とりべの》まで、私の心《こころ》だけが通《かよ》ってゆくけど、死んでしまったあなたがそれを知ることはないのだろう……」

冷たい雪のふる夜でした。

こぼれ話

周囲に明るくふるまった……仲よし夫婦《ふうふ》のドッキリサプライズ

あるとき、清少納言《せいしょうなごん》たち女官《にょかん》の寝室《しんしつ》に突然《とつぜん》やってきた定子《ていし》&一条天皇《いちじょうてんのう》。女官《にょかん》たちはまさかこんなところにやってくるとは思わず、スッピンだし散らかっているしでアワアワしてしまうが、ふたりはそれを見てとても楽しそうだった。そして役人たちが出仕《しゅっし》する様子《ようす》をクスクス笑いながらこっそり見物したという。仲よし！

定子《ていし》さまの枕《まくら》もとに…

お父さま
お母さま…
おなぐさめしたい
清少納言《せいしょうなごん》
そうだわ！
定子《ていし》さまからいただいた美しい紙にお話を書いてお送りしよう！
お元気になられるよう楽しいものを書きましょう
タイトルは枕草子《まくらのそうし》で！
まあ少納言《しょうなごん》たら
短いけれど愛《あい》に包まれた人生でした

ほーりー's 解説

『枕草子《まくらのそうし》』の内容《ないよう》が、明るく読みやすいのは、定子《ていし》さまへの思いやりなのです。

愛《あい》があれば♡

道長《みちなが》の策略《さくりゃく》によってひきさかれる一条天皇《いちじょうてんのう》と定子《ていし》
藤原道長《ふじわらのみちなが》
娘《むすめ》 彰子《しょうし》
くるっ
サッ
愛《あい》は負けない
くるっ
サッ

ほーりー's 解説

道長《みちなが》の娘《むすめ》・彰子《しょうし》も一条天皇《いちじょうてんのう》の中宮《ちゅうぐう》になり、子どもたちは天皇《てんのう》になりました。

聖地《せいち》 奈良県・吉野山《よしのやま》

都《みやこ》を追放《ついほう》された義経一行《よしつねいっこう》が滞在《たいざい》した場所。

静御前《しずかごぜん》 ♥ 源義経《みなもとのよしつね》

ジェンダーレス芸能人《げいのうじん》・静《しずか》と、戦《いくさ》の天才・義経《よしつね》

静《しずか》の職業《しょくぎょう》は白拍子《しらびょうし》。白拍子《しらびょうし》というのは、流行歌を歌いながら踊《おど》りを披露《ひろう》することが仕事の芸能《げいのう》者（ほぼ女性《じょせい》）です。

そのいでたちは、扇《おうぎ》をもって、白い水干《すいかん》に立烏帽子《たてえぼし》、白鞘巻《しらさやまき》の刀を差すという男装姿《だんそうすがた》だったことが特徴《とくちょう》。今風《いまふう》にいうと、ジェンダーレスなシンガー＆ダンサーだったんですね。カッコいい！

キイワード

【判官《ほうがん》びいき】

源義経《みなもとのよしつね》は、治承《じしょう》・寿永《じゅえい》の乱《らん》（源平合戦《げんぺいかっせん》）で大活躍《だいかつやく》。ところが、その自由すぎるふるまいにより、兄・頼朝《よりとも》にきらわれ、反逆者《はんぎゃくしゃ》として追討《ついとう》され、自害《じがい》においこまれてしまいます。このことから、悲劇《ひげき》の英雄《えいゆう》・義経《よしつね》に同情《どうじょう》があつまり、義経《よしつね》のような弱者《じゃくしゃ》を応援《おうえん》する感情《かんじょう》のことを、彼《かれ》の役職名《やくしょくめい》をとって「判官《ほうがん》びいき」というように。

静's PROFILE

？〜？

白拍子《しらびょうし》＆義経《よしつね》の恋人《こいびと》。全国各地に終焉《しゅうえん》の地がある（じっさいにどこで亡《な》くなったかは不明）。

※御前《ごぜん》は女性の敬称《けいしょう》。

源義経's PROFILE

平治元《へいじがん》年（1159年）〜文治《ぶんじ》5年（1189年）閏《うるう》4月30日

源 頼朝《みなもとのよりとも》の弟→左衛門尉《さえもんのじょう》・検非違使《けびいし》（判官《ほうがん》）。

性格は大胆不敵《だいたんふてき》で体格《たいかく》はきゃしゃ。

源頼朝《みなもとのよりとも》 p48参照。妻《つま》は北条政子《ほうじょうまさこ》。

武蔵坊弁慶《むさしぼうべんけい》 義経《よしつね》に忠誠《ちゅうせい》をちかった家来。豪傑《ごうけつ》として知られる。

静《しずか》の歌や踊《おど》りは、じょうずなだけでなくスピリチュアルな力があったと伝わっています。

義経《よしつね》は、奇想天外《きそうてんがい》な発想で敵《てき》をたおす戦《いくさ》の天才。源平合戦《げんぺいかっせん》で大活躍《だいかつやく》しました。義経《よしつね》には、人をひきつける不思議な魅力《みりょく》があり、京の都《みやこ》での人気は絶大《ぜつだい》。ようは、**ノリとフィーリングで生きているような天才型のスター**です。これまたカッコいい！

静《しずか》と義経《よしつね》は、おたがいビビッとくるものがあったのでしょう。たちまち恋《こい》に落ちます。

しかし、幸せなときは長くはつづきません。平家《へいけ》が滅亡《めつぼう》して平和がおとずれると、義経《よしつね》の自由奔放《じゆうほんぽう》なふるまいに嫌気《いやけ》がさした（人気に嫉妬《しっと》した？）兄の源頼朝《みなもとのよりとも》によって、都《みやこ》を追放《ついほう》されてしまうのです。

愛《あい》しているから別れたふたり

ひとたび落ちぶれると、人はどんどん義経《よしつね》のもとから離《はな》れていき、気がつけば、そばには武蔵坊弁慶《むさしぼうべんけい》ら家来数人と、静《しずか》しかいなくなって

こぼれ話

静《しずか》にはスピリチュアルな力があった？

あるとき、日本中が日照《ひで》りで苦しんでいた。僧侶《そうりょ》たちがお経《きょう》をあげて祈《いの》ってもまったく効果《こうか》がない。そこで、「**美しい白拍子《しらびょうし》を100人よんで、雨をふらせる力がある龍神《りゅうじん》に歌舞《かぶ》を奉納《ほうのう》したらどうか？**」ということに。しかし、100人中99人が終わってもまったく効果《こうか》があらわれない。ところが最後に静《しずか》が舞《ま》いはじめたとたん、たちまち黒い雲がわき、稲妻《いなずま》が走り、３日間大雨がふりつづき、国がすくわれた。このことから静《しずか》には、「**日本一《にほんいち》**」の称号《しょうごう》があたえられたという伝説《でんせつ》がある。一説によると、義経《よしつね》も、べつの場所で静《しずか》の雨ごいを見て一目《ひとめ》ぼれしたという。

山伏《やまぶし》 山で厳《きび》しい修行《しゅぎょう》をして不思議な力を習《しゅう》得《とく》し、宗教《しゅうきょう》活動を行う人のこと。山に伏《ふ》して修行《しゅぎょう》するのでこうよばれています。修験者《しゅげんじゃ》とも。

修験道《しゅげんどう》 山伏《やまぶし》が実践《じっせん》する宗教《しゅうきょう》、修行《しゅぎょう》のこと。

いました。

一行《いっこう》は、頼朝《よりとも》の追手《おって》から身をかくすために山伏《やまぶし》の姿《すがた》に身をやつし、吉野山《よしのやま》に逃《に》げこむことにします。季節は冬。雪もふってきて、命の保証《ほしょう》はどこにもありません。しかも、修験道《しゅげんどう》の修行《しゅぎょう》の場は女人禁制《にょにんきんせい》。義経《よしつね》は、女性《じょせい》の静《しずか》が、これ以上自分といっしょに行動するのは危険《きけん》と判断《はんだん》し、たくさんの金銀をあたえて、お供《とも》をつけ、都《みやこ》に帰れるよう手はずをととのえ山のなかへ去ってゆきました。愛《あい》するからこそ、別れを選んだのです。

静《しずか》も、自分が足手まといになっていることがわかったのでしょう、泣く泣く別れをうけいれました。

しかし、お供《とも》たちが金銀だけをうばいとって雪山に静《しずか》をおきざりにし、どこかへ行ってしまいます(!)。静《しずか》は義経《よしつね》をさがす追手《おって》に見つかり、頼朝《よりとも》のいる鎌倉《かまくら》に送られました。

そして、義経《よしつね》の居所《いどころ》をつ

八幡神《はちまんじん》をまつる鎌倉幕府《かまくらばくふ》の行事の中心地。八幡神《はちまんじん》は、武運《ぶうん》の神として武士《ぶし》から厚《あつ》く信仰《しんこう》された。

きとめようと取りしらべがはじまり、鶴岡八幡宮《つるがおかはちまんぐう》に参拝《さんぱい》する頼朝《よりとも》と政子《まさこ》夫妻《ふさい》の前で、白拍子《しらびょうし》として歌《か》舞《ぶ》を披露《ひろう》することを命じられるのです。

決死《けっし》のラブソング

義経《よしつね》を討《う》ちとろうと執念《しゅうねん》ぶかく追いかける頼朝《よりとも》は、静《しずか》にとっては仇《かたき》にひとしい人物。そんな人の前で、歌ったり踊《おど》ったりすることなどできないと、当日まで何度もことわりましたが、周囲の圧《あつ》におされ、意《い》を決《けっ》してこんな歌を歌いはじめました。

しずの布《ぬの》　倭文《しず》の布《ぬの》と書く。麻《あさ》などを赤や青の色に染《そ》め、模様《もよう》を織《お》りだした日本古来の織物《おりもの》。

苧環《おだまき》　しずの布《ぬの》を織《お》るときに必要な糸を巻《ま》きつけて玉にしたもののこと。

しづ（ず）やしづ（ず）　しづ（ず）のおだまき　くり返し　昔を今に　なすよしもがな

「しずの布《ぬの》を織《お》るためにくるくると回る苧環《おだまき》のように、昔を今にする方法があったらどんなによかっただろう（義経《よしつね》が静《しずか》、静《しずか》と私をくりかえしよんでくれたあの頃《ころ》にもどりたい）」

ふつう、こういうときは空気を読んで、「**頼朝万歳《よりともばんざい》！　鎌倉幕府万歳《かまくらばくふばんざい》！**」という内容《ないよう》の歌を歌うもの。それなのに、静《しずか》は義経《よしつね》への思いをこめたラブソングを高らかに歌い、華麗《かれい》に踊《おど》りぬいたのです。鎌倉幕府《かまくらばくふ》に対する命がけの反抗《はんこう》でした。

頼朝《よりとも》は大激怒《げきど》しますが、それを政子《まさこ》がなだめます。政子《まさこ》にも、周囲の反対をおしきって頼朝《よりとも》といっしょになった過去《かこ》があり、静《しずか》が義経《よしつね》を思う気持ちに共感したのでしょう。政子《まさこ》は多くの財宝《ざいほう》をもたせて静《しずか》を都《みやこ》にかえしますが、彼女《かのじょ》はまもなく消息《しょうそく》をたち、歴史から姿《すがた》を消します。

頼朝《よりとも》に追いつめられた義経《よしつね》も、ついには自害《じがい》して果《は》てました。

静《しずか》と義経《よしつね》のあまりに悲劇《ひげき》的な恋愛《れんあい》の結末は、多くの人びとの心《こころ》に残り、さまざまな物語《ものがたり》が生まれ、今日《こんにち》まで語りつがれています。

こぼれ話

多くの財宝《ざいほう》をもたせて……政子《まさこ》があわれんだ静《しずか》

鶴岡八幡宮《つるがおかはちまんぐう》で歌舞《かぶ》を披露《ひろう》したとき、静《しずか》は義経《よしつね》の子どもを妊娠《にんしん》しており、数か月後に出産した。しかし、生まれてきた子が男の子だったため、いつか鎌倉幕府《かまくらばくふ》に謀反《むほん》を起こすだろうとおそれられ、泣きさけぶ静《しずか》からとりあげられて、由比ケ《ゆいが》浜《はま》の海にしずめられたのだ。同じ女性《じょせい》として、静《しずか》に心《こころ》から同情《どうじょう》したのだろう。

友だちになれそう?!

頼朝《よりとも》一行の前で舞《まい》を披露《ひろう》する静《しずか》
しずや
しず〜
よりによってあんな歌を…
政子《まさこ》さまに殺されるぞ
静《しずか》よ
政子《まさこ》さまだ
やるな
意外と気が合った

ほーりー's ツッコミ

静《しずか》も政子《まさこ》も意志《いし》の強い女性《じょせい》。
似《に》た者同士、話し合えば仲よくなれたかも…

私だけが知ってる

源義経《みなもとのよしつね》の素顔《すがお》は謎《なぞ》が多い
鬼《おに》のようにおそろしい顔だそうだよ
いやいやすごいイケメンという噂《うわさ》だぞ
静御前《しずかごぜん》ほんとうはどうなんです?
ふふ
そうねえ
私だけの
ヒミツ♡

ほーりー's 解説

前歯がすごく出ていたという説もある。
(『平家物語《へいけものがたり》』より)

和宮《かずのみや》 ♥ 徳川家茂《とくがわいえもち》

キイワード

【公武合体《こうぶがったい》】

幕末《ばくまつ》に幕府《ばくふ》がうちだした方針《ほうしん》が「公武合体《こうぶがったい》」。「公《こう》」は公家《くげ》・京都《きょうと》の朝廷《ちょうてい》、「武《ぶ》」は武家《ぶけ》のトップである江戸《えど》の幕府《ばくふ》のこと。朝廷《ちょうてい》と幕府《ばくふ》が一丸《いちがん》となって世の混乱《こんらん》をおさめる体制《たいせい》をつくろうとしたんです。

その象徴《しょうちょう》として画策《かくさく》されたのが「公《こう》」＝皇女《こうじょ》・和宮《かずのみや》と、「武《ぶ》」＝14代将軍《しょうぐん》・徳川家茂《とくがわいえもち》の縁組《えんぐみ》。

つまりこのふたり、ゴリゴリの政略結婚《せいりゃくけっこん》なのです！

和宮's PROFILE

弘化《こうか》3年（1846年）閏《うるう》5月10日
〜明治《めいじ》10年（1877年）9月2日

皇女《こうじょ》→徳川家茂《とくがわいえもち》の正室《せいしつ》。和歌がとくい。

攘夷《じょうい》
外国を撃《う》ちはらって外国人を国内に入れないこと。孝明天皇《こうめいてんのう》は強固な攘夷論《じょういろん》者《しゃ》で、開国して外国と貿易《ぼうえき》をはじめてしまった幕府《ばくふ》に不信感をもっていた。

皇女《こうじょ》
天皇《てんのう》の娘《むすめ》のこと。和宮《かずのみや》は先帝《せんてい》・仁孝天皇《にんこうてんのう》の娘《むすめ》（第《だい》八皇女《こうじょ》）で、当時の天皇《てんのう》である孝明天皇《こうめいてんのう》の妹にあたる。

大人の事情《じじょう》で政略結婚《せいりゃくけっこん》

幕府《ばくふ》が公武合体《こうぶがったい》のためにすすめようとする皇女《こうじょ》・和宮《かずのみや》と将軍《しょうぐん》・家茂《いえもち》の結婚《けっこん》に、朝廷《ちょうてい》側はのり気ではありませんでした。

和宮《かずのみや》自身が**「江戸《えど》なんて野蛮人《やばんじん》があつまるド田舎《いなか》でしょ？ ホント無理！！！」**と断固拒絶《だんこきょぜつ》していたのです。彼女《かのじょ》には前から決まっている許嫁《いいなずけ》もいました。

しかし、幕府《ばくふ》がねばりづよく（ゴリ押《お》しともいう）交渉《こうしょう》したところ、和宮《かずのみや》の兄である孝明天皇《こうめいてんのう》が**「じゃあ、攘夷《じょうい》実行してくれるなら妹説得するよ？」**と

家茂's PROFILE
弘化《こうか》3年（1846年）閏《うるう》5月24日
〜慶応《けいおう》2年（1866年）7月19日
江戸幕府《えどばくふ》14代将軍《だいしょうぐん》。甘《あま》いものが好き。

聖地《せいち》 東京都・増上寺《ぞうじょうじ》
境内《けいだい》の徳川将軍家墓所《とくがわしょうぐんけぼしょ》に、ふたりのお墓《はか》がならんでいる。

大奥《おおおく》　江戸城本丸《えどじょうほんまる》内の女性《じょせい》たちの居住《きょじゅう》スペース。将軍《しょうぐん》の正室《せいしつ》や側室《そくしつ》、女中たちが暮《く》らしていた。輿入《こしい》れした和宮《かずのみや》も、自分が御所《ごしょ》からつれてきた女中たちとともに大奥《おおおく》で暮《く》らすことに。

降嫁《こうか》　皇女《こうじょ》のような身分の高い人が臣下《しんか》に嫁《とつ》ぐこと。皇女《こうじょ》である和宮《かずのみや》は、将軍《しょうぐん》・家茂《いえもち》より身分が高い。

態度《たいど》をやわらげました。

幕府《ばくふ》側は「**もう開国してるし貿易《ぼうえき》もはじまるし、いまさら攘夷《じょうい》なんて無理～（泣）**」と内心思いながらも、とにかく縁組《えんぐみ》をまとめたい一心《いっしん》から「**やりましょう！**（**無理だけど！**）」と約束し、大人の事情《じじょう》で和宮《かずのみや》の降嫁《こうか》が決定してしまいました。

つぎの和歌は、京都《きょうと》から江戸《えど》に嫁《とつ》ぐ道中で、和宮《かずのみや》が詠《よ》んだと伝わる一首。

惜《お》しまじな　君《きみ》と民《たみ》とのためならば　身は武蔵野《むさしの》の　露《つゆ》と消ゆとも

「天皇《てんのう》と民《たみ》のためになるのならば、私は武蔵野《むさしの》（江戸《えど》）で露《つゆ》のように消えても惜《お》しくありません」

これからお嫁《よめ》にいくとは思えない、死ににいくような悲壮《ひそう》感がただよっています……。

嫁姑《よめしゅうとめ》バトル勃発《ぼっぱつ》！

和宮《かずのみや》の新婚《しんこん》生活は、大奥《おおおく》とのはげしい対立からはじまります。

こぼれ話

嫁姑《よめしゅうとめ》バトル♥第《だい》1ラウンド

輿入《こしい》れ前に和宮《かずのみや》から天璋院《てんしょういん》へ贈《おく》ったおみやげの包み紙に「**天璋院《てんしょういん》へ**」と書いてあった。「……“様”は?!💢」姑《しゅうとめ》に対して敬称《けいしょう》もつけない嫁《よめ》の態度《たいど》に、天璋院《てんしょういん》以下、数百人にのぼる大奥《おおおく》女中たちが激怒《げきど》した！

天璋院《てんしょういん》　篤姫《あつひめ》ともよばれた。前将軍《しょうぐん》・徳川家定《とくがわいえさだ》の正室《せいしつ》で、家茂《いえもち》にとっては義理《ぎり》の母。和宮《かずのみや》にとって姑《しゅうとめ》にあたる人物。

当時の大奥《おおおく》には姑《しゅうとめ》の天璋院《てんしょういん》がいました。本来であれば、和宮《かずのみや》が嫁《よめ》としていろいろ教えてもらわなくてはならない（目の上のたんこぶのような）存在《そんざい》です。

しかし、嫁《とつ》いだとはいえ和宮《かずのみや》は皇女《こうじょ》。

身分のうえでは、天璋院《てんしょういん》はもちろん、将軍《しょうぐん》より上だという意識《いしき》が強く、輿《こし》入《い》れ（結婚《けっこん》）前に、天璋院《てんしょういん》とは完全別居《べっきょ》してその後もいっさい面会しないこと&大奥《おおおく》でも京都《きょうと》にいたころと変わらず御所《ごしょ》風の生活をおくることを宣言《せんげん》したのです。

さすがプリンセス、めちゃくちゃプライドが高い。

いっぽう大奥《おおおく》にも意地があります。おたがい徳川将軍家《とくがわしょうぐんけ》と朝廷《ちょうてい》の看板《かんばん》をせおっているため一歩もゆずらず、それぞれのおつきの女中たちを巻《ま》きこんで、嫁姑《よめしゅうとめ》バトルが激化《げきか》。

そもそも納得《なっとく》して嫁《とつ》いだわけではない和宮《かずのみや》が、いつ**「実家《じっか》に帰らせていただきますっ」**と言いだしてもおかしくなさそうな状況《じょうきょう》ですね。

しかし、実際《じっさい》にはそうはなりませんでした。**夫《おっと》である徳川家茂《とくがわいえもち》がハチャメチャにいい人**だったからです！

こぼれ話

嫁姑《よめしゅうとめ》バトル♥第《だい》2ラウンド

和宮《かずのみや》が大奥《おおおく》にあいさつにやってきたとき、天璋院《てんしょういん》は上座《かみざ》についてりっぱな座布団《ざぶとん》の上にすわり、和宮《かずのみや》には下座《しもざ》で座布団《ざぶとん》を用意しなかった。このしうちに和宮《かずのみや》以下、朝廷《ちょうてい》からつれてきた数百人にのぼる女中たちが「**侮辱《ぶじょく》された！**」と激怒《げきど》した！

浜御殿《はまごてん》 広大な日本庭園に海水を引き入れた池や茶室がある、徳川将軍家《とくがわしょうぐんけ》の別邸《べってい》。現在《げんざい》も浜離《はまり》宮恩賜《きゅうおんし》庭園（東京都中央《ちゅうおう》区）として整備《せいび》されている。

夫《おっと》の胸《むね》キュンサプライズ

和宮《かずのみや》と家茂《いえもち》は婚礼《こんれい》当時、ともに思春期まっただなかの17歳《さい》。気の強い和宮《かずのみや》は、当初まったく家茂《いえもち》とうちとけようとしませんでした。

しかし家茂《いえもち》は、**「和宮《かずのみや》を心《こころ》から大切に思っていればこそ公武合体《こうぶがったい》が成《な》しえる。表面上だけとりつくろっても真心《まごころ》をかよわせられなければ意味がない」**という考えをもっていたのです。

このため、大奥《おおおく》に突然《とつぜん》やってきては、外でみかけた美しい花や、めずらしい金魚を和宮《かずのみや》にプレゼントするなどのサプライズで、すこしでも彼女《かのじょ》のすさんだ心《こころ》をなごませようとしました。和宮《かずのみや》に仕《つか》える女中たちへのお土産《みやげ》も欠かしません。

嫁姑《よめしゅうとめ》の仲をとりもとうと考えたのか、和宮《かずのみや》と天璋院《てんしょういん》をさそって浜御殿《はまごてん》へでかけたこともあります。が、このときちょっとした事件《じけん》がおこりました。

茶室で休息して外に出ようとしたときに、踏《ふ》み石《いし》の上に天璋院《てんしょういん》と和宮《かずのみや》の草履《ぞうり》がおかれていて、家茂《いえもち》のだけが下におかれていたのです。

「和宮《かずのみや》と天璋院《てんしょういん》、どちらかの草履《ぞうり》を下におけば角《かど》が立つ。それであれば両方

こぼれ話

ちょっとした事件《じけん》 後日談

この一件《けん》以降《いこう》、天璋院《てんしょういん》と和宮《かずのみや》の嫁姑《よめしゅうとめ》バトルはピタリとおさまり、大奥一丸《おおおくいちがん》となって将軍《しょうぐん》として奮闘《ふんとう》する家茂《いえもち》を支《ささ》えるようになった。

上洛《じょうらく》　京都《きょうと》に行くこと。幕末《ばくまつ》の京都《きょうと》では混乱《こんらん》がつづいたので、事態《じたい》をおさめるために将軍《しょうぐん》が何度もおとずれる必要が発生した。

長州征伐《ちょうしゅうせいばつ》　幕府《ばくふ》が朝廷《ちょうてい》の命令をうけて長州藩《ちょうしゅうはん》に対しておこなった武力攻撃《ぶりょくこうげき》。

の顔を立ててふたりの草履《ぞうり》を上におき、自分のを下におこう……」。心《こころ》やさしい家茂《いえもち》のはからいなのでしょう。

これを見た和宮《かずのみや》はポンととんではだしで地面におり、自分の草履《ぞうり》をのけて、将軍《しょうぐん》の草履《ぞうり》を上にあげたといいます。

「将軍《しょうぐん》である夫《おっと》がここまでしてくれているのに意地をはっている場合ではない！」和宮《かずのみや》に徳川家《とくがわけ》の嫁《よめ》としての自覚がめばえた瞬間《しゅんかん》でした。

君《きみ》ありてこそ

やっと心《こころ》がかよいあった家茂《いえもち》と和宮《かずのみや》。しかし結婚翌年《けっこんよくねん》からは、家茂《いえもち》がたびたび上洛《じょうらく》することになり、一度でかけたら半年間は江戸城《えどじょう》にもどらない生活がはじまりました。

しかしこの間も、ふたりは手紙をつうじて思いをかよわせます。和宮《かずのみや》はひそかにお百度参《ひゃくどまい》りをして家茂《いえもち》の無事を祈《いの》り、想像妊娠《そうぞうにんしん》をしたことまでありました。**結婚当初《けっこんとうしょ》のツンが嘘《うそ》のようなデレっぷり**（笑）。

そんな彼《かれ》らに、永遠《えいえん》の別れはあまりにはやくおとずれます。長州征伐《ちょうしゅうせいばつ》の陣《じん》

こぼれ話

手紙　和宮《かずのみや》が**「あなたの出世がホントにうれしい！　仕事がんばって無事に帰ってきてね♥」**と書けば、家茂《いえもち》が**「出世をよろこんでくれてホッとしています、毎日いそがしいけど君《きみ》が送ってくれたお菓子《かし》を食べてがんばれているよ」**と返信。ラブラブか！　家茂《いえもち》から和宮《かずのみや》に着物を贈《おく》ったときには、和宮《かずのみや》が**「さっそく着てみた、すごくキレイ♥♥♥」**とよろこびの手紙を出している。ラブラブか！

戊辰戦争《ぼしんせんそう》
慶応《けいおう》4年（1868年）～翌年《よくねん》にかけて旧幕府《きゅうばくふ》軍と明治新政府《めいじしんせいふ》軍を中心におこなわれた戦争。新政府《しんせいふ》軍による江戸城総攻撃《えどじょうそうこうげき》が決定するも、和宮《かずのみや》や天璋院《てんしょういん》らの交渉《こうしょう》のすえ回避《かいひ》された。

中《ちゅう》の大坂城《おおさかじょう》で、家茂《いえもち》が急死したのです。享年《きょうねん》21。

江戸城《えどじょう》にはこびこまれた家茂《いえもち》の棺《ひつぎ》には、西陣織《にしじんおり》がそえられていました。和宮《かずのみや》が「**おみやげに買ってきてね**」とねだったものです。それがまさか形見になるなんて……。

このとき和宮《かずのみや》が詠《よ》んだのが、つぎの一首。

うつせみの　唐織衣《からおりころも》なにかせむ（ん）　綾《あや》も錦《にしき》も　君《きみ》ありてこそ

「美しい織物《おりもの》があったって何の意味もないじゃない。あなたが生きていなければ！」

和宮《かずのみや》はその後、戊辰戦争《ぼしんせんそう》のときには朝廷《ちょうてい》に江戸城《えどじょう》への総攻撃《そうこうげき》をやめるようにかけあうなど、最後まで徳川《とくがわ》の嫁《よめ》としての責任《せきにん》をはたし、天璋院《てんしょういん》らとともに戦火から江戸《えど》を守りぬいて、明治《めいじ》10年（1877年）、32歳《さい》で亡《な》くなりました。

遺言《ゆいごん》により、お墓《はか》は徳川将軍家《とくがわしょうぐんけ》の墓所《ぼしょ》・増上寺《ぞうじょうじ》の家茂《いえもち》のお墓《はか》のとなりにつくられ、いまもふたりならんで静かに眠《ねむ》っています。

こぼれ話

急死した家茂《いえもち》の死因《しいん》

家茂《いえもち》の死因《しいん》は脚気《かっけ》（ビタミンB1不足でおこる病気）。家茂《いえもち》は甘《あま》いものが大好きなので、体調をくずすと、和宮《かずのみや》も周囲の人もお見舞《みま》いにお菓子《かし》を贈《おく》ったのだが、じつはお菓子《かし》の糖分《とうぶん》は脚気《かっけ》を悪化させてしまう。彼《かれ》を思って贈《おく》ったお菓子《かし》がかえって彼《かれ》の命を縮《ちぢ》めてしまったのだ。医療《いりょう》の発達していない時代の悲劇《ひげき》である。

関西風が好き?!

ほーりー's ツッコミ

妻《つま》は関西人、夫《おっと》は関東人。
どちらかが歩みよるのが夫婦円満《ふうふえんまん》のひけつ♥

あなたのために…

ほーりー's 解説

史実《しじつ》です。写真の画像《がぞう》は空気に
ふれるとすぐに消えてしまったそうです。

胸《むね》キュン通信 3

恋心《こいごころ》は和歌にのせて

日本人は古来、5・7・5・7・7の三十一文字にありったけの思いをこめて、恋心《こいごころ》を歌いあげてきました。

『万葉集《まんようしゅう》』でとても多いのも、愛《あい》の歌＝相聞《そうもん》です。相聞《そうもん》の名手・大伴坂上郎女《おおとものさかのうえのいらつめ》の、

恋《こ》ひ《（い）》恋《こ》ひ《（い）》て　逢《あ》える時だに　愛《うるわ》しき　言尽《ことつ》くしてよ　長くと思わば

（訳）恋《こい》しくて恋《こい》しくて……、やっと逢《あ》えたときぐらい、キレイだ、愛《あい》してるって言葉にして伝えてよね！

（恋愛関係《れんあいかんけい》を）長くつづけたいと思うなら。

には、共感する女子も多いのではないでしょうか。

平安時代には、和歌は貴族《きぞく》の恋愛成就《れんあいじょうじゅ》の最強アイテムになります。というのも、身分の高い女子は年ごろになると家の中にいて、家族以外と顔を合わせることがめったにないのがあたりまえになったんですね。そんな状態《じょうたい》で恋愛《れんあい》がどうやってはじまるのかというと……。

まず行動をおこすのは男子の側《がわ》でした。アノ家に女子がいるらしいという噂《うわさ》があると、徹《てっ》底的《ていてき》に情報収集《じょうほうしゅうしゅう》。家柄《いえがら》や教養、性格などが自分の好みに合ったら、和歌を送ってアプロー

チを開始します。そして、OKの場合は女子から返事となる和歌を送り、交際《こうさい》がスタート。

つまり、おたがいの印象が和歌で決まったわけなんです。

プロポーズにも和歌が使われました。『伊勢物語《いせものがたり》』※1 23段《だん》には、その様子《ようす》が書かれています。

子どものころいっしょに遊んだ両想《おも》いの男女が、大人になったのでなかなか会うことができなくなった。そこで男子が女子宛《あて》に、

筒井《つつい》つの　井筒《いづつ》にかけしまろがたけ　過《す》ぎにけらしな　妹《いも》みざるまに

（訳）井戸《いど》の前で君と背《せい》くらべした私の身長は井戸《いど》を追いこしてしまったよ、君に会えない間に……。

（ぜひまた会いたい、結婚《けっこん》してほしい！）※この妹《いも》というのは「いもうと」ではなく好きな人へのよびかけ。

と和歌を送る。すると女子から、

比《くら》べこし　振《ふ》りわけ髪《がみ》※2も肩《かた》過《す》ぎぬ　君ならずして　誰《たれ》かあぐべき

（訳）あなたと長さをくらべた私の髪《かみ》も肩《かた》を過《す》ぎるくらい伸《の》びました。あなた以外にだれがこの髪《かみ》を上げるのでしょう（あなたこそ私を大人にする、夫《おっと》になる方だと思っています♡）。

と返事がきてめでたく結婚《けっこん》した、と書かれています。プロポーズ大成功！

※1『伊勢物語《いせものがたり》』…現存《げんそん》最古の歌物語。主人公は在原業平《ありわらのなりひら》（p132参照）とされているが、23段《だん》では業平《なりひら》とは直接《ちょくせつ》関係のない田舎《いなか》役人の男性《だんせい》の恋愛《れんあい》話が紹介《しょうかい》されている。
※2 振《ふ》りわけ髪《がみ》…前髪《まえがみ》から左右にわけて肩《かた》で切りそろえる子どもの髪型《かみがた》。「髪《かみ》上げ」という成人の儀式《ぎしき》をして大人の髪型《かみがた》になる。

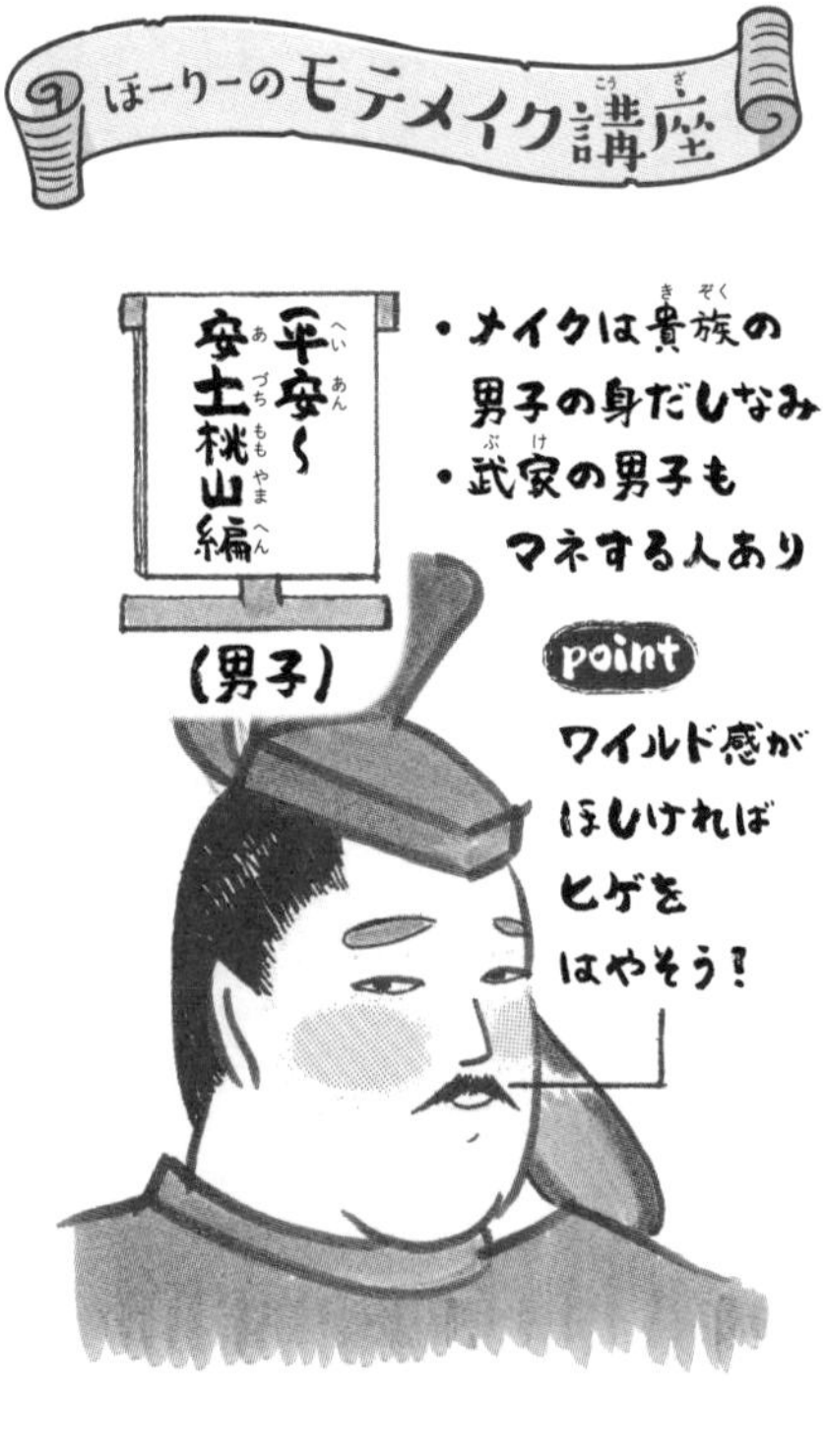
ほーりーのモテメイク講座《こうざ》
平安《へいあん》〜安土《あづち》桃山《ももやま》編《へん》
（男子）
・メイクは貴族《きぞく》の男子の身だしなみ
・武家《ぶけ》の男子もマネする人あり
point
ワイルド感がほしければヒゲをはやそう！

第4章

支《ささ》えあって❤胸《むね》キュン!!

ピンチのときも、
ふたりで力《ちから》を合《あ》わせて
のりきった！
仲《なか》よし夫婦《ふうふ》の
“ささえ愛《あい》”

光明皇后《こうみょうこうごう》♥聖武天皇《しょうむてんのう》

キイワード

【鎮護国家《ちんごこっか》】

仏教《ぶっきょう》には国をまもる力があるので、仏教《ぶっきょう》の教えにもとづいて国をおさめるという考え方のこと。聖武天皇《しょうむてんのう》と光明皇后《こうみょうこうごう》が生きた時代は、疫病《えきびょう》や災害《さいがい》や戦《いくさ》でたくさんの人がきずついていたため、こうした精神《せいしん》的よりどころが必要だったのかもしれません。

藤原不比等《ふじわらのふひと》　藤原《ふじわら》（中臣《なかとみ》）鎌足《かまたり》の息子《むすこ》。光明皇后《こうみょうこうごう》の父。奈良《なら》時代《じだい》でもっとも重要な政《せい》治家《じか》といえるほどの人物。

藤原《ふじわら》四兄弟　父の権力《けんりょく》を引《ひ》きついで朝廷《ちょうてい》を支配《しはい》した不比等《ふひと》の子どもたちで、光明《こうみょう》皇后《こうごう》の兄弟。

立后《りっこう》　皇后《こうごう》の位につくこと。

人臣《じんしん》から初《はつ》のプリンセス

スーパーエリート・藤原不比等《ふじわらのふひと》の娘《むすめ》・安《あす》宿媛《かべひめ》は、のちに✨光明《こうみょう》子《し》✨とよばれるほどの、かがやくような美貌《びぼう》と心《こころ》をもった女性《じょせい》。

16歳《さい》のときに、同い年の皇太子《こうたいし》・首皇子《おびとのおうじ》（のちの聖武天皇《しょうむてんのう》）の妃《きさき》となり、24歳《さい》のときに首皇子《おびとのおうじ》が天皇《てんのう》に即位《そくい》したため、29歳《さい》で皇后《こうごう》になりました。聖武天皇《しょうむてんのう》の即位《そくい》から皇后即位《こうごうそくい》までにタイムラグがあるのは、光明子《こうみょうし》が藤原《ふじわら》氏、つまり人臣《じんしん》出身であることが問題になったため。

当時の皇后《こうごう》は、天皇《てんのう》とともに政治《せいじ》をおこなう、天皇《てんのう》に準《じゅん》ずる存在《そんざい》であり、天皇《てんのう》が亡《な》くなったあとに、皇后《こうごう》がつぎの天皇《てんのう》として即位《そくい》することもありました。このため、皇族《こうぞく》出身者がなるのが暗黙《あんもく》の了解《りょうかい》だったのです。

しかし、光明子《こうみょうし》の4人の兄弟、人よんで藤原《ふじわら》四兄弟が、光明子《こうみょうし》の立后《りっこう》に反

聖武天皇's PROFILE

大宝元年《たいほうがん》（701年）
〜天平勝宝《てんぴょうしょうほう》8年（756年）5月2日

第《だい》45代天皇《だいてんのう》。責任《せきにん》感が強く、ひとりでせおいこむタイプ。

光明皇后's PROFILE

大宝元年《たいほうがん》（701年）
〜天平宝字《てんぴょうほうじ》4年（760年）6月7日

藤原不比等《ふじわらのふひと》の娘《むすめ》→聖武天皇《しょうむてんのう》の皇后《こうごう》。聖武天皇《しょうむてんのう》とは幼《おさな》なじみ。

聖地《せいち》　奈良県・東大寺《とうだいじ》

「奈良《なら》の大仏《だいぶつ》」として知られる巨大《きょだい》な盧舎那大仏《るしゃなだいぶつ》像《ぞう》の造立《ぞうりゅう》は、鎮護国家《ちんごこっか》をめざす夫婦《ふうふ》の悲願！

飢饉《ききん》 食べ物がなくて人びとが飢《う》え、苦しむこと。亡《な》くなる人も多く、衛生環境《えいせいかんきょう》が悪化して伝染病《でんせんびょう》流行の原因《げんいん》にもなる。

天然痘《てんねんとう》 疱瘡《ほうそう》のこと。伝染《でんせん》力がひじょうに強く、ワクチンができるまでは死の病とおそれられていた。

対する人びとをたおして実権《じっけん》をにぎり、人臣初《じんしんはつ》の皇后《こうごう》が誕生《たんじょう》します！

日本中の女性《じょせい》のトップの地位についた光明皇后《こうみょうこうごう》。その富《とみ》と権力《けんりょく》の使い道は……、社会福祉《ふくし》でした。貧《まず》しい人をたすけるための悲田院《ひでんいん》や、病人や孤児《こじ》に薬草を無料で提供《ていきょう》する施薬院《せやくいん》を設置《せっち》したのです。**やさしい！**

貧困《ひんこん》問題に正面からむきあい、救《すく》いの手をさしのべたのは、彼女《かのじょ》が人臣《じんしん》出身で、庶民《しょみん》の生活の実態《じったい》を知っていたからこそ、かもしれません。

また、それは、夫《おっと》である聖武天皇《しょうむてんのう》の願いでもあったのです。

どんなときでも夫《おっと》の味方

聖武天皇《しょうむてんのう》と光明皇后《こうみょうこうごう》の生きた奈良時代《ならじだい》は大きな戦争こそなく、一見《いっけん》平和な時代ですが、じつはとても災害《さいがい》が多い時代でした。責任《せきにん》感が強く、とてもやさしい性格だった聖武天皇《しょうむてんのう》は、「**ちかごろの災《わざわ》いはすべて自分の責任《せきにん》だ……**」とひとりで思いなやむようになってゆくのです。

負のスパイラルはとまらず、天然痘《てんねんとう》が猛威《もうい》をふるい、政治《せいじ》の中心にあった藤原《ふじわら》四兄弟も全員死亡《しぼう》、地方では朝廷《ちょうてい》に対する反乱《はんらん》が起きるなど、日本中が

こぼれ話

どのような災害《さいがい》がおこっていたのか？

天候不順で作物がそだたず、全国的な飢饉《ききん》がおこり、疫病《えきびょう》が大流行。さらに大《おお》坂《さか》と奈良《なら》の境《さかい》にある生駒断層《いこまだんそう》でマグニチュード7.5クラスの直下型地震《じしん》が発生し、山や建物がくずれ、たくさんの人びとが命をうしなった。聖武天皇《しょうむてんのう》は、被《ひ》災《さい》地となったルートを直前に行幸《ぎょうこう》しており、大きな衝撃《しょうげき》をうけたという。

行幸《ぎょうこう》　「みゆき」ともよむ。p78参照。

パニックにおちいります。天皇《てんのう》はあまりのショックに地方へたびたび行幸《ぎょうこう》するようになり、都《みやこ》を留守《るす》がちになりました。

『万葉集《まんようしゅう》』には、このころ光明皇后《こうみょうこうごう》が詠《よ》んだとされる歌が収録《しゅうろく》されています。

我《わ》が背子《せこ》と　ふたり見ませば　いくばくか
この降《ふ》る雪の　嬉《うれ》しかあらまし

「いとしいあなたとふたりで見られたなら、どれだけこの雪をうれしく思えたことでしょう」

天皇《てんのう》の苦悩《くのう》をちかくで見ていた皇后《こうごう》は、現実逃避《げんじつとうひ》ともとれる行幸《ぎょうこう》をくりかえす夫《おっと》をせめたりはしませんでした。いつかまた、夫婦《ふうふ》で静かに雪をながめられる日を夢《ゆめ》みて……皇后《こうごう》は天皇《てんのう》を支《ささ》え、ともに悩《なや》み、災《わざわ》いに苦しむ人びとのために、なにができるのかを考えたのです。

大仏開眼《だいぶつかいげん》

夫婦《ふうふ》でみちびきだしたこたえは、仏教《ぶっきょう》の力にたよることでした。光明皇后《こうみょうこうごう》は熱心な仏教徒《ぶっきょうと》。その影響《えいきょう》で聖武天皇《しょうむてんのう》も、人びとをすくうためには仏教《ぶっきょう》の力

こぼれ話

災害《さいがい》がおこるのは天皇《てんのう》の責任《せきにん》？

当時は、災《わざわ》いは人びとの上に立つもの（この時代の場合は天皇《てんのう》のこと）の行いがよくないために、天があたえた罰《ばつ》だという考えかたがあった。幼《おさな》いころから、天皇《てんのう》としての帝王学《ていおうがく》をまじめに勉強してきた聖武天皇《しょうむてんのう》は、この考えを信じ、災害《さいがい》がおこるたびに責任《せきにん》を感じていたのだ。

東大寺《とうだいじ》 大和国《やまとのくに》（奈良県）の国分寺《こくぶんじ》。聖武天皇《しょうむてんのう》と光明皇后《こうみょうこうごう》の息子《むすこ》がわずか1歳《さい》で亡《な》くなり、その弔《とむら》いのためのお堂を建てたのがはじまり。

詔《みことのり》 天皇《てんのう》の意思、命令。

が必要だと思うようになっていたのです。

聖武天皇《しょうむてんのう》は詔《みことのり》を出し**「私は徳《とく》がうすい人間であるにもかかわらず、天皇《てんのう》という立場にある。近ごろの災《わざわ》いはすべて自分の責任《せきにん》だ。これからは仏教《ぶっきょう》の力をかりて、人びとが幸せに暮《く》らせるようにしたい」**と宣言《せんげん》。全国に国分寺《こくぶんじ》、国分尼寺《こくぶんにじ》をつくりました。

さらに東大寺《とうだいじ》に、生きとし生けるもの、すべてをすくうような、巨大《きょだい》な盧《る》舎那仏《しゃなぶつ》をつくることを決定し、**「自分の思いに賛成《さんせい》してくれるなら、たとえ1本の草、ひとにぎりの土しかもってこられないという人でも、大仏《だいぶつ》づくりに協力してほしい」**とよびかけたのです。

お金や権力《けんりょく》は関係ない。災《わざわ》いをおさめ、日常《にちじょう》をとりもどしたい、そんな人であれば、だれもが大仏《だいぶつ》づくりに参加できました。当時の日本の総《そう》人口はおよそ540万人ですが、大仏《だいぶつ》づくりに参加した人はのべ260万人にのぼるといいます。

それからおよそ10年後に、夫婦《ふうふ》悲願の大仏《だいぶつ》が完成。聖武天皇《しょうむてんのう》は譲位《じょうい》してすでに太上天皇《だいじょうてんのう》（上皇《じょうこう》）となっていましたが、光明皇太后《こうみょうこうたいごう》とともに、しみじみと開眼供養《かいげんくよう》を見まもりました。

こぼれ話

悲願の大仏《だいぶつ》完成！　その後の夫婦《ふうふ》

大仏開眼《だいぶつかいげん》の4年後に聖武太上天皇《しょうむだいじょうてんのう》は亡《な》くなった。光明皇太后《こうみょうこうたいごう》は**「見るとさびしくなって、私はきっとバラバラにくだけてしまうから……」**と、遺品《いひん》のほとんどを正倉院《しょうそういん》（東大寺《とうだいじ》の宝物《ほうもつ》をおさめる倉庫）に奉献《ほうけん》する。ただ、夫《おっと》が愛用《あいよう》していた二ふりの宝剣《ほうけん》は手もとにおき、自分が死ぬ直前に大仏《だいぶつ》の足もとにうめた。

人生、山あり谷あり

また地震…
私はなんと運がないのだろう
藤原《ふじわら》兄弟が謀反《むほん》を起こしました！
なんと！
が、全員疫病《えきびょう》で死亡《しぼう》しました
お、おお…
金山《きんざん》が発見されました！
これで大仏が建てられます!!!
運があるのかないのか…

ほーりー's ツッコミ

まじめだから悩《なや》みがち。
聖武天皇《しょうむてんのう》、がんばって!!!

患者《かんじゃ》さんかと思ったら…

皇后《こうごう》さまみずから薬湯《やくとう》で癒《いや》してくださるとは
あなたでちょうど千人めよ
わ！
パァァァ
我《われ》は阿閦如来《あしゅくにょらい》
慈悲《じひ》の心《こころ》に感動した
治《なお》ったなら出ていってねつぎが待ってるからね
今いそがしいの
ええ？

ほーりー's 解説

光明皇后《こうみょうこうごう》が風呂《ふろ》でお世話した病人が、
じつは阿閦如来《あしゅくにょらい》だったという伝説《でんせつ》がある。

聖地《せいち》 高知県《こうちけん》・高知城《こうちじょう》

初代《しょだい》・土佐藩主《とさはんしゅ》となった山内一豊《やまうちかずとよ》が築《きず》いた。
江戸時代《えどじだい》の本丸《ほんまる》が完全なかたちで残る。

夫婦《ふうふ》でつかめ！戦国《せんごく》ドリーム

見性院《けんしょういん》♥山内一豊《やまうちかずとよ》

キイワード

【関《せき》ケ《が》原《はら》の戦《たたか》い】

慶長《けいちょう》5年（1600年）に、徳川家康《とくがわいえやす》を中心とする東軍《とうぐん》と、石田三成《いしだみつなり》を中心とする西軍《せいぐん》が、岐阜県関ケ原《せきがはら》で激闘《げきとう》した天下《てんか》分けめの戦《たたか》い。全国の戦国武将《せんごくぶしょう》たちは、この戦《たたか》いでどちらに味方するかという決断《けつだん》をせまられました。結末は東軍《とうぐん》の大勝利に終わるわけですが、本篇《ほんぺん》の主人公・山内一豊《やまうちかずとよ》の決断《けつだん》はいかに……?!

名馬購入伝説《こうにゅうでんせつ》

山内一豊《やまうちかずとよ》は、諸国《しょこく》を放浪《ほうろう》したすえ織田信長《おだのぶなが》の家臣（正確《せいかく》には、信長《のぶなが》の家臣である豊臣秀吉《とよとみひでよし》の家臣）になった苦労人。そんな彼《かれ》を支《ささ》えたのが妻《つま》・見性院《けんしょういん》です。

〝名馬購入伝説《こうにゅうでんせつ》〟として知られるこんなエピソードがあります。

一豊《かずとよ》が信長《のぶなが》に仕《つか》えはじめたころ、城下《じょうか》で、見たことがないくら

見性院's PROFILE

弘治《こうじ》3年（1557年）～元和《げんな》3年（1617年）12月4日

山内一豊《やまうちかずとよ》の正室《せいしつ》。趣味《しゅみ》は夫《おっと》?!

※本名不明につき戒名《かいみょう》。“千代《ちよ》”という名前が知られているが、これは後世《こうせい》の書物によるもので根拠不明《こんきょふめい》。

山内一豊's PROFILE

天文《てんぶん》14年（1545年）ごろ～慶長《けいちょう》10年（1605年）9月20日

戦国武将《せんごくぶしょう》／織田信長《おだのぶなが》、豊臣秀吉《とよとみひでよし》の部下→初代《しょだい》・土《と》佐藩主《さはんしゅ》。地味。だが、そこがイイ！

馬揃《うまぞろえ》

華麗《かれい》に着飾《きかざ》った名馬（馬は現在《げんざい》だと戦車にあたる）を集めて世間に公開し、優劣《ゆうれつ》をきそう軍事パレード。とくに信長《のぶなが》はこのイベントをとても重視《じゅうし》していたが、一豊《かずとよ》にとって信長《のぶなが》は雲の上の存在《そんざい》でアピールするチャンスがなかった。

いりっぱな馬が売られていました。ただ黄金10両（120万～300万円くらい）と高価《こうか》で、お金のない一豊《かずとよ》にはとても買うことができません。家に帰ると「**ああいう馬をもっていれば、きっと信長《のぶなが》さまのお役に立てるのに。……貧乏《びんぼう》ってつらいな**」と思わず愚痴《ぐち》をこぼしました。

すると、それをきいていた妻《つま》は、黄金10両をもってきてポンとさしだしたのです。

「**ファッ?!**」一豊《かずとよ》はおどろきました。これまで貧乏《びんぼう》で苦しい生活をおくってきたというのに、妻《つま》はなぜこんなお金をもっているんでしょう。彼女《かのじょ》は言いました。

「**これは私が嫁《とつ》ぐとき、父が、夫《おっと》の一大事のときに使いなさい、といって、くれたものです。貧乏《びんぼう》なのは夫婦《ふうふ》でがまんすればいいこと。でも、こんど都《みやこ》で馬揃《うまぞろえ》があるとききました。これはあなたのことを信長《のぶなが》さまに知ってもらう大チャンスです。いい馬を買ってぜひ参加してください**」

こうして一豊《かずとよ》は名馬を購入《こうにゅう》して馬揃《うまぞろえ》に参加。ねらいどおり信長《のぶなが》に注目され、出世がはじまったというのです。**お見事！**

こぼれ話

名馬購入伝説《こうにゅうでんせつ》は本当か？

このエピソードは、江戸時代《えどじだい》に書かれたさまざまな書物に記載《きさい》があるが、あまりにもデキすぎなため後世《こうせい》につくられたのでは？　とも、まったくのつくり話ではなく、似《に》たようなことはあったのでは？　ともいわれている。

東軍《とうぐん》 関ケ原《せきがはら》の戦《たたか》いで東側に布陣《ふじん》した、徳川《とくがわ》家康《いえやす》を総大将《そうだいしょう》とする軍勢《ぐんぜい》。

西軍《せいぐん》 関ケ原《せきがはら》の戦《たたか》いで西側に布陣《ふじん》した、豊臣秀吉《とよとみひでよし》の家臣、石田三成《いしだみつなり》を中心とする軍勢《ぐんぜい》。

笠《かさ》の緒《お》文《ぶみ》

本能寺《ほんのうじ》の変《へん》のあと、秀吉《ひでよし》の家臣として活躍《かつやく》した一豊《かずとよ》。その秀吉《ひでよし》も亡《な》くなると、人生最大の転機《てんき》をむかえました。関ケ原《せきがはら》の戦《たたか》いです。一豊《かずとよ》は東軍《とうぐん》の徳川《とくがわ》家康《いえやす》につくつもりでしたが、秀吉《ひでよし》の家臣だったので、**「あいつは結局西軍《せいぐん》につくのでは？」**とうたがわれる立場でした。

そしてむかえた合戦《かっせん》の直前、一豊《かずとよ》のもとに、大坂《おおさか》で西《せい》軍《ぐん》の人質《ひとじち》になっていた妻《つま》・見性院《けんしょういん》からの使者がやってきます。使者は手に密封《みっぷう》された文箱《ふばこ》をもち、かぶっている笠《かさ》の緒《お》には、妻《つま》から一豊宛《かずとよあて》の手紙が結びつけられていました。手紙には**「文箱《ふばこ》を未《み》開封《かいふう》のまま家康《いえやす》のところにとどけて、これは読んだら燃《も》やしてください」**とあり、

評定《ひょうじょう》 武士《ぶし》たちがあつまる会議のこと。この場合は、家康《いえやす》が関《せき》ケ原《がはら》の合戦《かっせん》を前にしておこなった小山《おやま》（栃木県小山市）での評定《ひょうじょう》。

初代《しょだい》・土佐藩主《とさはんしゅ》 関《せき》ケ原《がはら》の合戦《かっせん》じたいでは、特に活躍《かつやく》しなかった一豊《かずとよ》だが、家康《いえやす》は「**東軍勝利《とうぐんしょうり》の“木の根（もっとも大事な部分）”**」と絶賛《ぜっさん》し土佐《とさ》一国をあたえたとされる。

一豊《かずとよ》はそのとおりにします。

家康《いえやす》のもとにとどいて開けられた文箱《ふばこ》のなかには、2通の手紙が入っていました。1通は西《せい》軍《ぐん》から一豊《かずとよ》にあてた「**今度の戦《いくさ》、うちに味方してね！**」という勧誘《かんゆう》。もう1通は、見性院《けんしょういん》から一豊《かずとよ》にあてた「**私のところに西軍方《せいぐんがた》からこういう手紙がきましたが、どうかご心配なく東軍《とうぐん》の家康公《いえやすこう》につくしてください**」という手紙でした。

つまり、見性院《けんしょういん》は、敵《てき》が一豊《かずとよ》のような武将《ぶしょう》を勧誘《かんゆう》しているという情報《じょうほう》をリークしたうえで、それでも、夫《おっと》の一豊《かずとよ》は家康《いえやす》側につくつもりであるということを、未開封《みかいふう》の手紙をそのまま差しだすことで証明《しょうめい》してみせたのです。スゴっ！

一豊《かずとよ》は、この翌日《よくじつ》の評定《ひょうじょう》で、東軍《とうぐん》につくことを宣言《せんげん》。ほかの武将《ぶしょう》もぞくぞくと一豊《かずとよ》につづいたことで、関《せき》ケ原《がはら》の戦《たたか》いは見事に東軍《とうぐん》勝利で決着します。

一豊《かずとよ》は、家康《いえやす》よりほうびとして土佐《とさ》（高知県）一国をあたえられ、初代《しょだい》・土《と》佐藩主《さはんしゅ》に！　妻《つま》の機転のおかげで、戦国《せんごく》ドリームを勝ちとったのです。

こぼれ話

未開封《みかいふう》の手紙の意味とは…

家康《いえやす》にとっては敵《てき》の動きを知ることができ、かつ、一豊《かずとよ》は100％自分側につく武将《ぶしょう》であるという確信《かくしん》がもてる超有益《ちょうゆうえき》な情報《じょうほう》だった！

夫婦《ふうふ》界のレジェンド

こうしてふたりのエピソードをふりかえると、見性院《けんしょういん》スゴイ！　一豊《かずとよ》は……う～ん、地味。という印象になりがちです。

しかし、私は一豊《かずとよ》のよさはその地味さにあると思っています。

彼《かれ》は**〝とても温厚《おんこう》な性格で、志《こころざし》は高いけれどそのことは他人にはかたらず、いつも礼儀正《れいぎただ》しく、家臣たちをとても大事にしていた。いばることはけっしてないけれど威厳《いげん》があり、口数は少ないけれど、ひとたび戦場に出ると大声を出して勇敢《ゆうかん》に兵を指揮《しき》した〟**と伝わっています。**スゴイ理想の上司じゃない？**✨

地味で派手《はで》さはないけれど、誠実《せいじつ》でまじめで向上心があり、仕事熱心。

そんな彼《かれ》を心《こころ》から信じ、愛《あい》した見性院《けんしょういん》は、自分の思いをあまり口にしない夫《おっと》がまれにこぼす**「名馬がほしい」**、**「徳川《とくがわ》につきたい」**という本心を、妻《つま》として尊重《そんちょう》し、それがかなうよう全力でサポートしました。

見性院《けんしょういん》と一豊《かずとよ》は、妻《つま》と夫《おっと》の信頼《しんらい》関係がなせる絶妙《ぜつみょう》な二人三脚《ににんさんきゃく》によって時代をかけぬけた、日本史夫婦《ふうふ》界のレジェンドなのです。

こぼれ話

“地味さ”だけじゃない！　まだまだある！　一豊《かずとよ》の推《お》しポイント

一豊《かずとよ》が仕《つか》えた織田信長《おだのぶなが》、豊臣秀吉《とよとみひでよし》、徳川家康《とくがわいえやす》やその家臣は強烈《きょうれつ》キャラぞろい。このため地味であることがぎゃくに彼《かれ》の個性《こせい》になって、ぶつかりがちな武将《ぶしょう》たちの間に入る緩衝材《かんしょうざい》として重宝《ちょうほう》がられていた！　また、当時としてはめずらしく側室《そくしつ》がおらず、見性院《けんしょういん》ひとりを愛《あい》しつづけた！　推《お》せる♥

夫《おっと》をプロデュース1

うちの旦那《だんな》地味すぎる…
そうだわ!
ばばーーん
おもしろい奴《やつ》!
採用《さいよう》!

ほーりーʼs ツッコミ

地味も立派《りっぱ》な個性《こせい》だと思うよ(笑)。

夫《おっと》をプロデュース2

着物も地味ねえ
こういうのしかないよ
地味な着物は切《き》りきざんで!
パッチワークの完成!
おお
京で大人気
敏腕《びんわん》プロデューサー

ほーりーʼs 解説

見性院《けんしょういん》は実際《じっさい》パッチワークで着物をつくり、秀吉《ひでよし》が一目《いちもく》おいていたという説あり。

幸村《ゆきむら》 信繁《のぶしげ》が亡《な》くなって50年ほどたった江戸《えど》時代《じだい》に書かれた軍記物『難波戦記《なにわせんき》』でもちいられた名前。後世《こうせい》ではこちらのほうが有名。

「日本一《ひのもといち》の兵《つわもの》」のピンチを救《すく》った妻《つま》

竹林院《ちくりんいん》 ♥ 真田信繁《さなだのぶしげ》（幸村《ゆきむら》）

キイワード

【大坂《おおさか》の陣《じん》】

徳川家康《とくがわいえやす》が豊臣家《とよとみけ》を攻《せ》めた戦《たたか》い。主戦場《しゅせんじょう》は大坂城《おおさかじょう》。慶長《けいちょう》19年（1614年）の大坂冬《おおさかふゆ》の陣《じん》では、豊臣方《とよとみがた》として参戦した真田信繁《さなだのぶしげ》（幸村《ゆきむら》）が、大活躍《だいかつやく》し、徳川方《とくがわがた》をおおいに苦しめました。翌年《よくねん》の夏の陣《じん》で大坂城《おおさかじょう》が陥落《かんらく》。豊臣家《とよとみけ》は滅亡《めつぼう》します。

おさな妻《づま》・竹林院《ちくりんいん》

真田信繁《さなだのぶしげ》（幸村《ゆきむら》とも）は、武田家《たけだけ》家臣・真田昌幸《さなだまさゆき》の次男として生まれま

竹林院's PROFILE

？～慶安《けいあん》２年（1649年）5月18日

大谷吉継《おおたによしつぐ》の娘《むすめ》→真田《さなだ》信繁《のぶしげ》の正室《せいしつ》。

※本名不明につき戒名《かいみょう》。

大谷吉継《おおたによしつぐ》
母は秀吉《ひでよし》の正室《せいしつ》・お寧《ね》の侍女《じじょ》。幼《おさな》いころから秀吉《ひでよし》のちかくに仕《つか》えた重要な家臣。

真田昌幸《さなだまさゆき》
はじめ武田家《たけだけ》に仕《つか》え、武田家《たけだけ》が滅亡《めつぼう》すると織田信長《おだのぶなが》に仕《つか》え、信長《のぶなが》が討《う》たれると徳川家康《とくがわいえやす》、つづいて越後《えちご》（新潟県）の上杉《うえすぎ》にしたがったかと思えば豊臣秀吉《とよとみひでよし》の家臣になった。世《よ》わたり上手！

した。

昌幸《まさゆき》は〝表裏比興《ひょうりひきょう》の者（状況《じょうきょう》によってころころと態度《たいど》をかえるゆだんならない人物！）〟と評《ひょう》された武将《ぶしょう》。

目まぐるしく変化する戦国《せんごく》時代《じだい》の流れをよみ、権力者《けんりょくしゃ》をたくみにわたりあるいて、豊臣《とよとみ》秀吉《ひでよし》にしたがい、武将《ぶしょう》たちのなかでも存《そん》在《ざい》感をはなっていました。

父・昌幸《まさゆき》にくらべ、このころの信繁《のぶしげ》にかんする記録はすくないのですが、豊臣家《とよとみけ》の重臣、大谷吉継《おおたによしつぐ》の娘《むすめ》（養女《ようじょ》とも）・竹林院《ちくりんいん》を正妻《せいさい》にむかえ、秀吉《ひでよし》の親衛隊《しんえいたい》的存在《そんざい》である馬廻衆《うままわりしゅう》に組みこまれ、父とはべつに領地《りょうち》をあたえられるようになっていて、秀吉《ひでよし》にかなり信頼《しんらい》された人物だったと考えられています。

ちなみに、信繁《のぶしげ》は永禄《えいろく》10年（1567年）生まれ、竹林院《ちくりんいん》の父・大《おお》

真田信繁（幸村）'s PROFILE

永禄《えいろく》10年（1567年）※諸説《しょせつ》あり
〜元和《げんな》元年《がん》（1615年）5月7日

豊臣秀吉《とよとみひでよし》の馬廻衆《うままわりしゅう》→（蟄居《ちっきょ》）→武将《ぶしょう》。性格は温厚《おんこう》で体格《たいかく》は小柄《こがら》。

聖地《せいち》 和歌山県・九度山《くどやま》

信繁《のぶしげ》の蟄居《ちっきょ》の地跡《ちあと》に建つ真《さな》田庵《だあん》など、みどころ多数。

谷吉継《たによしつぐ》は永禄《えいろく》8年（1565年）生まれ（諸説《しょせつ》あり）。つまり、信繁《のぶしげ》は竹林院《ちくりんいん》の父と同世代で、親子ほど歳《とし》の差のある夫婦《ふうふ》ということ。竹林院《ちくりんいん》は、かなり年《ねん》齢《れい》の若《わか》いおさな妻《づま》だったわけですが、夫婦《ふうふ》仲はよかったようです。

それは、信繁《のぶしげ》のピンチのときにとった、彼女《かのじょ》の行動を見ればわかります。

真田《さなだ》さんちがたいへんだ！ 九度山《くどやま》蟄居《ちっきょ》

天下《てんか》分け目の関ヶ原《せきがはら》の戦《たたか》いのとき、真田家《さなだけ》は、父・昌幸《まさゆき》と信繁《のぶしげ》が西軍《せいぐん》につき、兄・信之《のぶゆき》が東軍《とうぐん》につきました。結果は東軍《とうぐん》の勝ち。

西軍《せいぐん》についた父・昌幸《まさゆき》と信繁《のぶしげ》は流罪《るざい》となり、九度山《くどやま》での蟄居《ちっきょ》生活がはじまります。

メンバーは昌幸《まさゆき》（54歳《さい》）、信繁《のぶしげ》（34歳《さい》）のほかに十数人の家臣と身のまわりの世話をする人びと。もちろん竹林院《ちくりんいん》もいっしょで、それなりの人数になりましたが、監視《かんし》役からあたえられる生活費はごくわずかで、とても全員が暮《く》らせる金額《きんがく》ではありません。

昌幸《まさゆき》にとって、蟄居《ちっきょ》生活は精神《せいしん》的にかなりきつかった模様《もよう》。

信之《のぶゆき》 昌幸《まさゆき》の嫡男《ちゃくなん》。信繁《のぶしげ》の兄。江戸時代《えどじだい》には信州（長野県）松代《まつしろ》の10万石の大名《だいみょう》となった。

九度山《くどやま》 高野山《こうやさん》（和歌山県）の山麓《さんろく》にある町。

蟄居《ちっきょ》 家屋などに謹慎《きんしん》させる刑罰《けいばつ》。九度山《くどやま》では近所への外出はOKとされた。

こぼれ話

真田《さなだ》親子に対する関ヶ原《せきがはら》の戦《たたか》い後の処分《しょぶん》

昌幸《まさゆき》と信繁《のぶしげ》は、居城《きょじょう》の上田城《うえだじょう》にたてこもって東軍《とうぐん》の徳川《とくがわ》軍をかなり苦しめた。徳川家《とくがわけ》にとっては危険《きけん》な存在《そんざい》であり、合戦《かっせん》後に死罪《しざい》にされてもおかしくはない状況《じょうきょう》だったが、兄・信之《のぶゆき》のとりなしもあって流罪《るざい》に決定した。信之《のぶゆき》は蟄居《ちっきょ》中《ちゅう》に仕送《しおく》りをして父と弟の生活を支《ささ》えた。

真田紐《さなだひも》

幅《はば》1㎝程度《ていど》の平らな紐《ひも》。すべりにくくとても頑丈《がんじょう》なため、もともと刀の柄《つか》などに使用されたが、特に真田昌幸《さなだまさゆき》が九度山《くどやま》で使っていたことが有名になり、こうよばれるようになる。このことから「お金に困《こま》った昌幸《まさゆき》と信繁《のぶしげ》が売りあるいた！」「竹林院《ちくりんいん》が織《お》っていた！」といったさまざまな俗説《ぞくせつ》が生まれている。

しかし信繁《のぶしげ》は、不自由な生活を彼《かれ》なりにたのしんでいたようです。地元の人と交流したり囲碁《いご》を打ったり、狩《か》りや魚釣《さかなつ》りにでかけたり、連歌《れんが》などの新しい趣味《しゅみ》にも挑戦《ちょうせん》しました。

本来であれば働きざかりの年齢《ねんれい》。**「こんなはずではない！」**という悔《くや》しさはあったでしょうが、彼《かれ》はそういった本当の思いは内にひめ、表に出さない性格だったのです。

妻《つま》の竹林院《ちくりんいん》はそんな信繁《のぶしげ》によりそい、九度山蟄居《くどやまちっきょ》時代に2人の男の子と3人の女の子を産み、側室《そくしつ》の子どもたちもいっしょにめんどうを見ました。**おさな妻《づま》がいつのまにか大家族の肝《きも》っ玉《たま》母さんになってるっ**?!

真田紐《さなだひも》は、家計を助けるために竹林院《ちくりんいん》が織《お》っていたのではないかという俗《ぞく》説《せつ》も……。おちぶれても夫《おっと》を信じ、ピンチを支《ささ》えた妻《つま》。エライ！

「日本一《ひのもといち》の兵《つわもの》」

蟄居《ちっきょ》生活も10年をすぎたころ、父・昌幸《まさゆき》は気持ちがおちこむ日が多くなり、やがて食事も喉《のど》をとおらなくなって、65歳《さい》で亡《な》くなりました。昌幸《まさゆき》の家臣た

こぼれ話

蟄居中《ちっきょちゅう》の昌幸《まさゆき》〜メンタルが心配〜

このころ、息子《むすこ》・昌親《まさちか》（信繁《のぶしげ》の弟）宛《あて》に送った手紙には「40両送ってもらえることになってて20両はたしかに受けとったけど、足りないから残りの20両を一日もはやくとどけてほしい。今年もらえる予定の10両は春のうちになにがなんでも送って。用意できしだい、5両でも6両でもいいから！」とある。必死

真田丸《さなだまる》 大坂城《おおさかじょう》の弱点の南方面の防御《ぼうぎょ》のため、信繁《のぶしげ》が築《きず》きあげた出城《でじろ》。

兵法《ひょうほう》 いくさの方法。

ちは大半が引きあげてゆき、九度山《くどやま》には、信繁《のぶしげ》一家とわずかな家臣たちが残るのみとなりました。わびしい……。

　そんななか、徳川家《とくがわけ》と豊臣家《とよとみけ》の関係が悪化し、九度山《くどやま》の信繁《のぶしげ》のもとに、豊臣家《とよとみけ》から、打倒《だとう》・徳川家《とくがわけ》の戦《いくさ》に参加してほしいというしらせがありました。引きうけて九度山《くどやま》をでれば、今度こそ命はないでしょう。

　しかし、信繁《のぶしげ》はまよわず豊臣家方《とよとみけがた》での参戦《さんせん》を決意し、大坂城《おおさかじょう》に入ります。

　自分がかつて仕《つか》えた豊臣家《とよとみけ》への感謝《かんしゃ》、武士《ぶし》としてのプライドを忘《わす》れてはいなかったのです。新しい徳川《とくがわ》の時代に生きながらえるのではなく、古い豊臣《とよとみ》の時代の人間として戦《たたか》って死ぬこと、これが信繁《のぶしげ》の願いだというのなら……竹林院《ちくりんいん》はだまって送りだしました。

　信繁《のぶしげ》は、九度山蟄居中《くどやまちっきょちゅう》にひそかに父から学んでいた兵法《ひょうほう》を活《い》かし、慶長《けいちょう》19年（1614年）、大坂《おおさか》冬の陣《じん》では真田丸《さなだまる》をつくるなど、豊臣方随一《とよとみがたずいいち》のはたらきをみせ、翌年《よくねん》の大坂《おおさか》夏の陣《じん》では、徳川家康《とくがわいえやす》が死を覚悟《かくご》するほどの猛烈《もうれつ》な突撃《とつげき》のすえ、最後まで敵《てき》と槍《やり》をまじえて戦死しました。その雄姿《ゆうし》は「**日本一《ひのもといち》の兵《つわもの》**」として、かたりつがれています。

こぼれ話

蟄居中《ちっきょちゅう》の信繁《のぶしげ》〜やっぱりメンタルが心配〜

信繁《のぶしげ》がこのころ親戚《しんせき》に送った手紙には「**めっきり歳《とし》をとり、病気がちになってきました。歯もぬけて、髭《ひげ》も白くなり黒いところはあまりありません**」と近況《きんきょう》が書かれていて、九度山《くどやま》での生活に実はものすごくストレスを感じていたことが判明《はんめい》している。

ふるさとはなれて

お金がないよう
家康たおせないよう
困《こま》りましたね
九度山《くどやま》の収入《しゅうにゅう》はかぎられているし
そうだわ！
真田紐《さなだひも》をつくって
返礼品 真田紐
ふるさと納税《のうぜい》はじめました

ほーりー's ツッコミ

こうして真田紐《さなだひも》は全国で使われるようになった…って、ちがうわっ（笑）！

こりない真田《さなだ》

真田《さなだ》めおとなしくしておるか？
徳川家康《とくがわいえやす》
ご協力お願いしまーす
募集 クラウドファンディング
打倒!!! 家康まで
あと1000両
真田《さなだ》あああ！
バレた！

ほーりー's ツッコミ

この夫婦《ふうふ》、蟄居《ちっきょ》中も楽しそうだな（笑）！

※クラウドファンディング…何かを実行するときにお金が必要になった人や企業《きぎょう》が、インターネットを通じて不特定多数の人から資金《しきん》をつのるしくみのこと。

政宗《まさむね》と愛姫《めごひめ》が暮《く》らした、仙台藩《せんだいはん》の江戸屋敷《えどやしき》があった場所。
現在《げんざい》は“伊達政宗終焉《だてまさむねしゅうえん》の地”という看板《かんばん》が立っている。

第一印象最悪《だいいちいんしょうさいあく》！から、ベストパートナーへ♥

愛姫《めごひめ》♥伊達政宗《だてまさむね》

第一印象《だいいちいんしょう》は最悪《さいあく》でした

愛姫《めごひめ》は、陸奥国田村郡《むつのくにたむらぐん》（福島県）の三春城主《みはるじょうしゅ》・田村清顕《たむらきよあき》のひとり娘《むすめ》。めごいとは、東北地方の方言で〝愛《あい》らしい〟という意味。名前のとおり、両親はもちろん、親戚《しんせき》や家臣たちからも、「**めごい♥めごい♥**」と、めいっぱいかわいがられて育ちました。

キイワード

【参勤交代《さんきんこうたい》】

江戸時代《えどじだい》に、幕府《ばくふ》が、諸大名《しょだいみょう》を定期的に江戸《えど》に出むかせた制度《せいど》のこと。諸大名《しょだいみょう》は、基本的《きほんてき》には一年ごとに領国《りょうごく》から江戸《えど》、江戸《えど》から領国《りょうごく》を行《い》き来《き》することになりました。愛姫《めごひめ》のような正室《せいしつ》と跡《あと》つぎの子どもは、人質《ひとじち》として江戸《えど》の屋敷《やしき》（藩邸《はんてい》）で暮《く》らします。伊達政宗《だてまさむね》は、領国《りょうごく》の仙台《せんだい》から江戸《えど》にむかう参勤交代《さんきんこうたい》のとちゅうで体調をくずし、江戸《えど》の屋敷《やしき》で亡《な》くなりました。

愛姫's PROFILE

永禄《えいろく》11年（1568年）
～承応《じょうおう》2年（1653年）1月24日

田村清顕《たむらきよあき》の娘《むすめ》→伊達政宗《だてまさむね》の正室《せいしつ》。
実家《じっか》は東北の名家《めいけ》。

伊達政宗's PROFILE

永禄《えいろく》10年（1567年）8月3日
～寛永《かんえい》13年（1636年）5月24日

戦国武将《せんごくぶしょう》→初代《しょだい》・仙台藩主《せんだいはんしゅ》。
血液型《けつえきがた》はB型《がた》、しゅみは料理。

しかし、おだやかな日々は長くはつづきません。

愛姫《めごひめ》が12歳《さい》のとき、政略結婚《せいりゃくけっこん》で伊達政宗《だてまさむね》のもとに嫁《とつ》ぐことに。わずかな人数の乳母《うば》や侍女《じじょ》たちをつれ、住みなれた故郷《こきょう》をはなれて、心細《こころぼそ》い嫁入《よめい》りでした。しかも、一つ年上の夫《おっと》・政宗《まさむね》とは仲よくなれそうもなかったのです。

政宗《まさむね》は、愛姫《めごひめ》の輿入《こしい》れ後に政宗《まさむね》の暗殺未遂事件《あんさつみすいじけん》がおこったため（！）、犯人《はんにん》として、愛姫《めごひめ》がつれてきた乳母《うば》や侍女《じじょ》をうたがい（証拠《しょうこ》はなく誤解《ごかい》だったといわれている）、問答無用で処刑《しょけい》してしまったのです。……無理ぃ～←愛姫心《めごひめごころ》の声

彼《かれ》は戦国武将《せんごくぶしょう》としては超優秀《ちょうゆうしゅう》です。ただ、それゆえに若《わか》いころは戦《いくさ》にあけくれて家庭をかえりみることはなかった様子《ようす》。愛姫《めごひめ》のような田舎《いなか》そだちの箱入りプリンセスには理解《りかい》できない、強烈《きょうれつ》な個性《こせい》のもちぬしでした。

夫婦《ふうふ》の心《こころ》はすれちがったまま、月日が流れてゆきます。

イチャラブ期到来《とうらい》

天正《てんしょう》18年（1590年）に豊臣秀吉《とよとみひでよし》が天下統一《てんかとういつ》をなしとげると、奥州《おうしゅう》の覇者《はしゃ》である政宗《まさむね》も豊臣家《とよとみけ》にしたがいます。愛姫《めごひめ》のような大名《だいみょう》の正室《せいしつ》たちは、人質《ひとじち》

田村《たむら》(家《け》)　征夷大将軍《せいいたいしょうぐん》・坂上田村麻呂《さかのうえのたむらまろ》を先祖《せんぞ》にもつとされる名門だが、領地《りょうち》のまわりには力のある戦国大名《せんごくだいみょう》がひしめいており、愛姫《めごひめ》が、政宗《まさむね》のもとに嫁《とつ》ぐことに。

奥州《おうしゅう》の覇者《はしゃ》　奥州《おうしゅう》は現在《げんざい》の福島県、宮城県、岩手県、青森県、秋田県の一部のこと。政宗《まさむね》はこのころ現在《げんざい》の福島県のほとんどと、山形県の南部、宮城県の南部という広大な領土《りょうど》を手にしていた。

こぼれ話

政宗《まさむね》の強烈《きょうれつ》な個性《こせい》

18歳《さい》で伊達家《だてけ》の当主になると、「さからうやつはなで斬《ぎ》り（ブッ●す）」と、ようしゃない戦《たたか》いぶりで東北地方一帯に衝撃《しょうげき》をあたえ、ゴリゴリ領土《りょうど》を広げていった。戦国武将《せんごくぶしょう》としては当然の行動なのだろうが、人としては……無理ぃぃぃ～
←愛姫心《めごひめごころ》の声

として京都《きょうと》や大坂《おおさか》で暮《く》らすことになりました。

こうしたなかで夫婦《ふうふ》関係にも変化があらわれ、結婚《けっこん》15年目にしてはじめての子ども、長女・五郎八姫《いろはひめ》が誕生《たんじょう》。その後、3人の男の子をさずかりました。ふたりの間にいったい何が?! どうやら、ひとつの出来事がきっかけになったわけではなく、時間をかけておたがいをリスペクトしあうようになっていったようです。

やがて、豊臣秀吉《とよとみひでよし》が亡《な》くなって徳川家康《とくがわいえやす》が天下《てんか》をとり、愛姫《めごひめ》が仙台藩《せんだいはん》の江戸《えど》の伊達屋敷《だてやしき》で暮《く》らすようになると、夫婦《ふうふ》仲は ますますよくなります。政宗《まさむね》は、月3回羽織袴《はおりはかま》で、お節句《せっく》の

五郎八姫《いろはひめ》 政宗《まさむね》と愛姫《めごひめ》の長女。徳川家康《とくがわいえやす》の六男、忠輝《ただてる》に嫁《とつ》ぎ、仲のよい夫婦《ふうふ》生活をおくっていたが、忠輝《ただてる》が流罪《るざい》となったため離《り》縁《えん》され、実家《じっか》にもどった。

仙台藩《せんだいはん》 関ヶ原《せきがはら》の戦《たたか》い以降《いこう》の、新たな伊達家《だてけ》の領地《りょうち》が仙台藩《せんだいはん》。エリアは現在《げんざい》の岩手県南部から、宮城県全域《ぜんいき》、福島県の一部。

日は裃《かみしも》姿《すがた》で、愛姫《めごひめ》の部屋にあいさつにやってくるようになりました♥　決まった日以外にももちろん政宗《まさむね》はやってきて、彼《かれ》が自分の部屋にもどるときに、おたがいに深く一礼して別れ、別れたあとにメッセージを送りあったとか♥♥♥

五郎八姫《いろはひめ》が離縁《りえん》してからは、ふたりで寝《ね》ることはなくなりましたが（娘《むすめ》がひとりでさみしい思いをしているのを思いやって、自分たちもいっしょに寝《ね》ないことにしたとか）、夫婦《ふうふ》の寝室《しんしつ》には、いつもふたり分の布団《ふとん》がしいてあったといいます。

最期《さいご》まで伊達男《だておとこ》

戦国《せんごく》時代《じだい》を武将《ぶしょう》としてかけぬけ、天下泰平《てんかたいへい》の江戸《えど》時代《じだい》を仙台藩《せんだいはん》・初代藩主《しょだいはんしゅ》として骨太《ほねぶと》に生きた政宗《まさむね》でしたが、ついに体調をくずし、江戸《えど》の伊達屋敷《だてやしき》で

江戸《えど》の伊達屋敷《だてやしき》　現在《げんざい》の東京都日比谷《ひびや》公園のあたりにあった、仙台藩《せんだいはん》の屋敷《やしき》。

羽織袴《はおりはかま》　江戸時代《えどじだい》の武士《ぶし》の正装《せいそう》。現代だとスーツみたいな感覚。

裃《かみしも》　羽織袴《はおりはかま》よりさらにあらたまった式服《しきふく》。現代だとタキシードみたいな感覚。

忠宗《ただむね》

政宗《まさむね》と愛姫《めごひめ》の子。五郎八姫《いろはひめ》の弟。仙台藩《せんだいはん》2代藩主《はんしゅ》。下の「こぼれ話」の遺言《ゆいごん》では、「忠《ただ》宗《むね》はあなたにやさしくしていると思うけど、何分若《なにぶんわか》いから叱《しか》りたくなるようなこともあるでしょう。そういうときはしっかり注意してやってください。五郎八姫《いろはひめ》のことは心配せず忠宗《ただむね》にまかせるように」とも書かれている。

ねこむようになりました。

愛姫《めごひめ》はお見舞《みま》いにいきたいとたびたびかけあいますが、**「よくなったらこちらから会いにいくから」**と、いつもはぐらかされてしまいます。

しかしある日、愛姫《めごひめ》に政宗《まさむね》からの手紙とプレゼントがとどきました。そしてその翌日《よくじつ》に、政宗《まさむね》は息をひきとったのです。

政宗《まさむね》はつねに**「自分はカッコよくありたい」**と思っていました。彼《かれ》の右目は失明して白くにごっていましたが、肖像画《しょうぞうが》にはそのようすは絶対《ぜったい》に描《えが》かせず、ファッションにも人一倍《ひといちばい》気をつかっていたのです。

そんな彼《かれ》が、誰《だれ》よりもカッコいいといわれたかったのが、愛姫《めごひめ》だったのでしょう。彼女《かのじょ》には弱っている姿《すがた》など絶対《ぜったい》に見られたくなかったのです。美学をつらぬいた、政宗《まさむね》らしい最期《さいご》でした。

愛姫《めごひめ》はその後、86歳《さい》で亡《な》くなりました。侍女《じじょ》たちが遺品《いひん》を整理していると、古びた小箱がでてきて、愛姫《めごひめ》が政宗《まさむね》からもらった手紙や、政宗《まさむね》が子どものころに書いた書《しょ》、夫婦《ふうふ》の思い出の品々が大切に保管《ほかん》されていたといいます。

こぼれ話

政宗《まさむね》からの手紙（遺言《ゆいごん》）とプレゼント

「いつも心配してくれてありがとう。そのうちうかがって直接《ちょくせつ》お礼をいいますね。お目にかかっていろいろお話ししようと思っていますが、今日はとても気分がよかったので、あなたが気にいりそうなものをえらんでみました。どうか大切にしてください」…ほかに息子《むすこ》の忠宗《ただむね》や五郎八姫《いろはひめ》についても言及《げんきゅう》している。

避《さ》けられている理由

めごよ
ビクッ
めご姫《ひめ》に
きらわれて
いるらしい
はあ
めごの
乳《う》母《ば》を殺した
からだろうか?
侍《じ》女《じょ》を殺した
からだろうか
どっちだと思う?
全部ですね

ほーりー'sツッコミ

そういうとこだぞ！ がんばれ、政宗《まさむね》!!!

筆まめ政《まさ》宗《むね》

めごよ
ビクッ
スッ
話しかけると
おびえさせて
しまうようだな
政《まさ》宗《むね》さま
こわがらせて
ごめんね
ふふ
意外と筆まめな
政《まさ》宗《むね》であった
庭にねこが
いるよ

ほーりー's解説

政宗《まさむね》の手紙はたくさん残っていて、じっさい筆まめで字もうまいことがわかっている。

まだまだいます❤有名《ゆうめい》夫婦《ふうふ》

山陰《さんいん》・山陽《さんよう》地方で活躍《かつやく》した戦国大名《せんごくだいみょう》・**毛利元就《もうりもとなり》**はたいへんな愛妻家《あいさいか》。正室《せいしつ》の**妙玖《みょうきゅう》**が亡《な》くなったあとに、息子宛《むすこあて》にこんな手紙を書きました。

〝いつもいつも妙玖《みょうきゅう》の事を考えている。自分ひとりになってしまい、すべての事を自分でやらなければならないのでくたびれてしまった。妙玖《みょうきゅう》がいてくれたらなぁと思う。内は母が治《おさ》め、外は父が治《おさ》めるというが、本当にその通りだ〟

元就《もとなり》がどんなに妻《つま》を愛《あい》し、たよりにしていたかが伝わってきますね。

豊臣秀吉《とよとみひでよし》の右腕《みぎうで》として活躍《かつやく》した知将《ちしょう》・**黒田官兵衛《くろだかんべえ》**は、側室《そくしつ》をもたず正室《せいしつ》の**光姫《てるひめ》**だけを愛《あい》しつづけた人。彼《かれ》の兜《かぶと》は合子形兜《ごうすなりかぶと》という大きなお碗《わん》をさかさまにしたような、変わった形をしていました。

これは、光姫《てるひめ》の父から結婚《けっこん》祝いにもらった合子《ごうす》※1をモチーフにしたもの。官兵衛《かんべえ》はこれをとても気に入って、兜《かぶと》までつくっちゃったんです。戦場にいても夫婦《ふうふ》の心《こころ》はひとつ、そんな気持ちだったのかもしれません。

前田利家《まえだとしいえ》の妻《つま》・**まつ**は、ダメなことはダメとハッキリ指摘《してき》してくれる妻《つま》。利家《としいえ》は勇敢《ゆうかん》な戦国武将《せんごくぶしょう》でしたが、ケチな一面も。倹約《けんやく》しすぎて、ある戦《いくさ》のときには兵が足りなくなり、味方のピンチにも援軍《えんぐん》を出ししぶるありさまでした。そんな夫《おっと》に、まつは**「日頃《ひごろ》からお金ではなく兵を蓄《たくわ》えなさいといってきましたよね？　こうなったらお金に槍《やり》をもたせたらいかがですか!!」**といって、お金の入った袋《ふくろ》を投げつけたとか。

目が覚めた利家《としいえ》は、少ない兵力で戦場に駆《か》けつけて見事に勝利し、武将《ぶしょう》として恥《はじ》をかかずにすんだそうです。

幕末《ばくまつ》の土佐勤王党《とさきんのうとう》※2のリーダー・**武市半平太**《たけちはんぺいた》は、妻《つま》・**富子**《とみこ》との間に子どもができませんでした。跡《あと》つぎを心配した人が、美人の女中に身のまわりの世話をさせるなどして気をまわしましたが、**「余計《よけい》なことはするな」**と叱《しか》られたといいます。愛《あい》する女性《じょせい》は富子《とみこ》ひとり、子どもができるかどうかなんて関係なかったんですね。

また富子《とみこ》は、半平太《はんぺいた》が牢屋《ろうや》に入れられ切腹《せっぷく》するまでの間、夏も冬も布団《ふとん》をしかずに板の間《ま》で寝《ね》たそう。辛《つら》い思いをしている夫《おっと》と同じ気持ちでいたかったのでしょう。愛《あい》だなぁ。愛《あい》。

※1 合子《ごうす》…器《うつわ》と蓋《ふた》で一対《いっつい》になっている容器《ようき》のことで、夫婦《ふうふ》で一対《いっつい》になることをあらわした贈《おく》り物《もの》。※2 土佐勤王党《とさきんのうとう》…土佐《とさ》（高知県）藩《はん》の尊王攘夷《そんのうじょうい》（天皇《てんのう》を尊《たっと》び外国をしりぞける）運動グループ。一時は坂本龍馬《さかもとりょうま》も参加していた。

ほーりーのモテメイク講座《こうざ》

江《え》戸《ど》時《じ》代《だい》編《へん》

・フクザツな髪型《かみがた》が流行
・目は小さくてパッチリしてるのがカワイイ

point
鼻にはお白粉《しろい》を多めにぬり、より高くみせる！

番外編
愛《あい》が激《はげ》しすぎて
周囲《しゅうい》はドンびき?!
む、胸《むね》キュン?!
三角関係《さんかくかんけい》？ かけおち？
大《おお》げんか？ 激《はげ》しすぎて
周囲《しゅうい》は大迷惑《だいめいわく》?!
かもしれないけど…
これも愛《あい》？

万葉集《まんようしゅう》にのってます?! ドロドロ三角関係《さんかくかんけい》△

額田王《ぬかたのおおきみ》 ♥ 大海人皇子《おおあまのおうじ》

キイワード

【万葉集《まんようしゅう》】

現存《げんそん》する日本最古《さいこ》の和歌集。日本の元号《げんごう》「令和《れいわ》」の出典《しゅってん》としても知られています。天皇《てんのう》から貴族《きぞく》、庶民《しょみん》にいたるまで、幅《はば》ひろい階層《かいそう》の人びとがつくった歌が収録《しゅうろく》されています。

万葉集《まんようしゅう》発！ 恋愛《れんあい》スキャンダル

事件《じけん》は、5月5日端午《たんご》の節句《せっく》におこります。現在《げんざい》では、こどもの

端午《たんご》の節句《せっく》

旧暦《きゅうれき》の5月は梅雨《つゆ》にあたり、じめじめした日がつづいて病気が流行するので、薬草を摘《つ》んだり、厄《やく》よけの絵をかざる行事だった。

大海人皇子's PROFILE

？〜朱鳥元年《しゅちょうがん》(686年) 9月9日

第《だい》38代《だい》天智天皇《てんちてんのう》の弟。第《だい》40代《だい》天武天皇《てんむてんのう》。占《うらな》いなどスピリチュアルなものに関心アリ。しゅみはなぞなぞ。

紫草《むらさきそう》 小さな白い花が咲《さ》く薬草。解毒《げどく》作用があり、漢方《かんぽう》として用《もち》いられる。根からとれる色素《しきそ》は紫《むらさき》色《いろ》の染めものの原料になる。

標野《しめの》 皇室《こうしつ》や貴人《きじん》の所有地《しょゆうち》の野。一般人《いっぱんじん》は入れない。

袖《そで》ふる 当時、袖《そで》をふるのはカップルがおこなう愛情表現《あいじょうひょうげん》のひとつ。投《な》げキッス💋のようなイメージ。

日としておなじみですが、当時は貴族《きぞく》たちが薬草を摘《つ》みにでかける薬狩《くすりが》りがメインのイベント。

この日も、天智天皇《てんちてんのう》が家族や家臣たちをつれて、蒲生野《がもうの》という紫草《むらさきそう》が生えている野原にでかけました。

女子は薬草を摘《つ》んだり男子は狩《か》りをしたり、のんびりピクニックをたのしんでいたときに、天智天皇《てんちてんのう》の恋人《こいびと》の額田王《ぬかたのおおきみ》が詠《よ》んだ歌が、『万葉集《まんようしゅう》』に収録《しゅうろく》されています。

あかねさす紫野《むらさきの》ゆき　標野《しめの》ゆき　野守《のもり》は見ずや　君《きみ》が袖《そで》ふる

「紫草《むらさきそう》の野あそびで　野を守る番人は気づかなかったかしら
あなたが私にむかって愛《あい》のサインを送ったことを……」

額田王's PROFILE

?〜?

鏡王《かがみのおおきみ》の娘《むすめ》→大海人皇子《おおあまのおうじ》の妃《きさき》？→天智天皇《てんちてんのう》の恋人《こいびと》？　アグレッシブな恋愛観《れんあいかん》のもちぬし。

聖地《せいち》 滋賀県・蒲生野《がもうの》（現・船岡山《ふなおかやま》）

額田王《ぬかたのおおきみ》らが薬狩《くすりが》りにおとずれ歌を詠《よ》んだ場所。今は公園に。

恋愛《ラブソング》の歌ですね♥

この歌のポイントは〝君《きみ》（あなた）〟がだれをさすのかということ。天智天皇《てんちてんのう》であればなんの問題もないわけですが、ナントこのとき額田王《ぬかたのおおきみ》が〝君《きみ》（あなた）〟といったのは、天智天皇《てんちてんのう》の弟・大海人皇子《おおあまのおうじ》のことなんです！

そして、その大海人皇子《おおあまのおうじ》が返歌《へんか》として詠《よ》んだのが、

紫《むらさき》のにほ（お）へ（え）る妹《いも》を憎《にく》くあらば　人妻《ひとづま》ゆえに　我恋《われこい》めやも

「紫草《むらさきそう》のように美しいあなたを憎《にく》いと思うようなら、ほかの人のものであるあなたに恋《こい》なんてしませんよ」

なになに？　三角関係《さんかくかんけい》?!　**もりあがってまいりました。**

三角関係《さんかくかんけい》△か？

じつは、もともとは額田王《ぬかたのおおきみ》は大海人皇子《おおあまのおうじ》の妻《つま》で、娘《むすめ》も生まれていました。

つまり、元カレ（元旦那《だんな》）ということ。

しかし、額田王《ぬかたのおおきみ》がまだ大海人皇子《おおあまのおうじ》の妻《つま》だったころ……大海人皇子《おおあまのおうじ》の兄・天《てん》

こぼれ話

とても意味深《いみしん》な歌の解釈《かいしゃく》

大和三山《やまとさんざん》とよばれる、奈良県明日香《あすか》周辺の、天香久山《あまのかぐやま》、畝傍山《うねびやま》、耳成山《みみなしやま》をうたった歌で、三山《さんざん》歌とよばれる。諸説《しょせつ》あるが、天香久山《あまのかぐやま》と耳成山《みみなしやま》が男性《だんせい》、畝傍山《うねびやま》が女性《じょせい》にたとえられているという。

智《ち》天皇《てんのう》（当時は皇太子《こうたいし》）が詠《よ》んだ歌も、『万葉集《まんようしゅう》』には収録《しゅうろく》されているのですが、これがとても意味深《いみしん》なかんじなんです。

香久山《かぐやま》は　畝傍《うねび》を愛《お》しと　耳梨《みみなし》（成）と　相争《あいあらそ》ひ（い）き　神代《かみよ》より
かくにあるらし　古《いにしえ》も然《しか》にあれこそ　うつせみも　妻《つま》を争《あらそ》ふ（う）らしき

「神話の時代、香久山《かぐやま》は畝傍山《うねびやま》を愛《いと》しく思って恋敵《こいがたき》の耳成山《みみなしやま》と争ったそうだ。
昔からそうだから、今も人妻《ひとづま》をめぐって争いがおこるってことらしい」

まるで、人妻《ひとづま》をめぐって、男性《だんせい》たちが争うシチュエーションが身近でおこっていたかのような……つまり、額田王《ぬかたのおおきみ》をめぐって、弟の大海人皇子《おおあまのおうじ》と天智天皇《てんちてんのう》が争う三角関係《さんかくかんけい》があったのでは？　とかんぐりたくなる内容《ないよう》なのですね。

さらに、天智天皇《てんちてんのう》が天皇《てんのう》に即位《そくい》したあとには、額田王《ぬかたのおおきみ》がこんな歌を……。

君《きみ》待つと　我《わ》が恋《こ》ひ（い）居《お》れば　我《わ》が屋戸《やど》の　簾《すだれ》動かし　秋の風吹《ふ》く

「あなたが来ることを恋《こい》しく待っていたら、秋風で家の戸の簾《すだれ》が少しだけゆれました
（あなたが来てくれたわけじゃなくて残念♥）」

君《きみ》（あなた）、というのは天智天皇《てんちてんのう》のこと。つまり、このころには大海人皇《おおあまのおう》

こぼれ話

三角関係《さんかくかんけい》を踏《ふ》まえたうえで蒲生野《がもうの》でのピクニックをふりかえる

みんなでピクニックをしているときに、額田王《ぬかたのおおきみ》が突然《とつぜん》今カレ（天智天皇《てんちてんのう》）のまえで**「元旦那《だんな》（大海人皇子《おおあまのおうじ》）がアプローチしてきたんだけど♥」**と暴露《ばくろ》しだし、大海人皇子《おおあまのおうじ》も**「兄貴《あにき》（天智天皇《てんちてんのう》）のモノになったとしてもオレは元嫁《よめ》（額田王《ぬかたのおおきみ》）のことまだ好きだからね」**とひらきなおったわけで……。天智天皇《てんちてんのう》、涙目《なみだめ》。

子《じ》とはすでに離婚《りこん》し、天智天皇《てんちてんのう》と恋人《こいびと》関係になっていたようなのです……!

愛《あい》だの恋《こい》だので歴史は動く

ちなみに、額田王《ぬかたのおおきみ》と天智天皇《てんちてんのう》と大海人皇子《おおあまのおうじ》の三角関係《さんかくかんけい》は、『古事記《こじき》』や『日本書紀《にほんしょき》』などの公式記録には出てこず、あくまで『万葉集《まんようしゅう》』に収録《しゅうろく》されている、彼《かれ》らがつくった歌をもとにした推測《すいそく》です。

ただ、天智天皇《てんちてんのう》と大海人皇子《おおあまのおうじ》の兄弟関係がこじれていたことはたしか。

ある日、天智天皇《てんちてんのう》が宴会《えんかい》でもりあがっているところに、ズカズカと大海人皇子《おおあまのおうじ》が入ってきて、長い槍《やり》を床《ゆか》に突《つ》きさした、というトラブルがおこりました。天智天皇《てんちてんのう》は激怒《げきど》して大海人皇子《おおあまのおうじ》を死刑《しけい》にしようとしましたが、家臣の藤原《ふじわらの》(中臣《なかとみの》)鎌足《かまたり》にとめられて思いとどまったと、藤原家《ふじわらけ》の公式記録に書きのこされています。

そして兄弟間のわだかまりは、やがて壬申《じんしん》の乱《らん》に発展《はってん》するのです。

その根底《こんてい》には、もしかして額田王《ぬかたのおおきみ》をめぐっての三角関係《さんかくかんけい》があった?! ……のかもしれません。

壬申《じんしん》の乱《らん》 天智天皇《てんちてんのう》の死後に皇位《こうい》を継承《けいしょう》したとされる天智天皇《てんちてんのう》の息子《むすこ》・大友皇子《おおとものおうじ》に対して、大海人皇子《おおあまのおうじ》が起こした反乱《はんらん》。大海人皇子《おおあまのおうじ》が勝利して即位《そくい》し、天武天皇《てんむてんのう》に。

藤原《ふじわらの》(中臣《なかとみの》)鎌足《かまたり》 天智天皇《てんちてんのう》の側近《そっきん》として、大化《たいか》の改新《かいしん》を主導《しゅどう》。死の前日に藤原姓《ふじわらせい》となり、藤原《ふじわら》氏の始祖《しそ》となった。孫は光明皇后《こうみょうこうごう》(p98参照)。

こぼれ話

『万葉集《まんようしゅう》』の歌をもとに推測《すいそく》

今回とりあげた歌の解釈《かいしゃく》は学者によってちがい、三角関係《さんかくかんけい》なんてなかった!という説もある。現代でたとえると、有名人どうしのメールやSNSを見て、1000年後の人たちが人間関係を推理《すいり》するようなもの。諸説《しょせつ》あって当然なのだ。

気持ちの伝え方

あら
大海人皇子《おおあまのおうじ》
ア
イ
シ
テ
ル
手旗信号《てばたしんごう》はさすがに
わっかんないな――

ほーりー's ツッコミ
額田王《ぬかたのおおきみ》「わかりにくすぎるから、和歌にしない？」

これなら伝わる？

今度はなにかしら
ヒュルルルル
LOVE
ポン
ポン
ポン
まあ花火
ドキッ
みえてるぞ大海人《おおあま》～
天智天皇《てんちてんのう》
LOVE

ほーりー's ツッコミ
額田王《ぬかたのおおきみ》「わかりやすすぎるから、和歌にしない？」

高子《たかいこ》(二条后《にじょうのきさき》)♥在原業平《ありわらのなりひら》

キイワード

【伊勢物語《いせものがたり》】

日本最古《さいこ》の歌物語《うたものがたり》。話の冒頭《ぼうとう》が「昔《むかし》、男《おとこ》……」とはじまり、〝昔男《むかしおとこ》〟の恋愛遍歴《れんあいへんれき》が、和歌を中心に語られています。〝昔男《むかしおとこ》〟のモデルは、実在《じつざい》した貴族《きぞく》・在原業平《ありわらのなりひら》と考えられています。

藤原良房《ふじわらのよしふさ》 皇族《こうぞく》以外からはじめて摂政《せっしょう》になった人。高子《たかいこ》は良房《よしふさ》の兄・長良《ながら》の娘《むすめ》。

清和天皇《せいわてんのう》 第《だい》56代天皇《だいてんのう》。清和源氏《せいわげんじ》の祖《そ》で、源頼朝《みなもとのよりとも》、義経《よしつね》も家系《かけい》図をずっとたどると清和天皇《せいわてんのう》にたどりつく。

ひじき藻《も》 黒い海藻《かいそう》。現在《げんざい》では庶《しょ》民《みん》的なおかずですが、当時は高級品でした。

プレゼントはひじき?

日本史上屈指《くっし》のプレイボーイ在原業平《ありわらのなりひら》。おつきあいをした女性《じょせい》の人数3733人(!)とも。ちなみに妻子《さいし》もち。

そんな業平《なりひら》がとくべつな思いをよせたのが、高子《たかいこ》という女性《じょせい》。これは危険《きけん》な恋《こい》でした。高子《たかいこ》は権力者《けんりょくしゃ》・藤原良房《ふじわらのよしふさ》の姪《めい》で、将来《しょうらい》は清和天皇《せいわてんのう》の妃《きさき》になることがきまっていたからです。将来《しょうらい》の天皇《てんのう》の妃《きさき》に手をだしたことがバレれば、朝廷《ちょうてい》での出世は絶望《ぜつぼう》的。しかし、業平《なりひら》にとって大事なのは出世より恋愛《れんあい》でした。**「高子《たかいこ》とおつきあいしたい★」**気持ちで頭がいっぱいになり、熱烈《ねつれつ》なアプローチをはじめます。

『伊勢物語《いせものがたり》』第3段《だん》には、高子《たかいこ》の気をひくためにひじき藻《も》を贈《おく》ったと書かれています。は? ひじき??? よくみると、ひじきといっしょにこんな和歌がそえられていました。

思ひ(い)あらば葎《むぐら》の宿に寝《ね》もしなむ(ん) ひしきもの(引敷物《ひしきもの》)には袖《そで》をしつつも

高子's PROFILE

承和《じょうわ》9年(842年)～延喜《えんぎ》10年(910年)3月24日

藤原長良《ふじわらのながら》の娘《むすめ》→清和天皇《せいわてんのう》の女御《にょうご》→皇太后《こうたいごう》→廃《はい》后《ごう》。40代《だい》になって僧侶《そうりょ》・善祐《ぜんゆう》との恋愛《れんあい》スキャンダルが発覚《はっかく》して廃后《はいごう》となった。※二条后《にじょうのきさき》とも

在原業平's PROFILE

天長《てんちょう》2年(825年)～元慶《がんぎょう》4年(880年)5月28日

貴族《きぞく》、歌人。超《ちょう》イケメンだがちょっとおバカなところがある。

聖地《せいち》 京都府・大原野神社《おおはらのじんじゃ》

大恋愛《だいれんあい》のすえ、はなればなれとなった業平《なりひら》と高子《たかいこ》がときをへて再会《さいかい》した場所。

「もし私のことを好きと思ってくれるなら、つる草の生《お》いしげるボロボロの宿ででもふたりで眠《ねむ》りましょう。床《ゆか》にしく寝具《しんぐ》のかわりに着物の袖《そで》をしいて……」

ひじきは歌のなかの引敷物《ひしきもの》にかけたプレゼントだったんです。この贈《おく》りものが高子《たかいこ》の心《こころ》にひびき、業平《なりひら》とおつきあいをすることにしました。

そうだ、かけおちしよう！

ふたりはひそかに愛《あい》をはぐくみましたが、高子《たかいこ》はいずれ天皇《てんのう》のもとに入内《じゅだい》する運命。そこで業平《なりひら》は「**そうだ、かけおちしよう★**」と思いつきます。

業平《なりひら》は高子《たかいこ》をつれて、みつかりにくいようにわざと天気が悪い夜をえらんで屋敷《やしき》をぬけだしました。

高子《たかいこ》は、稲妻《いなずま》が光って照らされた草に露《つゆ》がかかっているのが見えたらしく「**このキラキラしているものはなぁに♥？　真珠《しんじゅ》♥？**」と業平《なりひら》に無邪気《むじゃき》にといかけます（いやいや、いくらお嬢《じょう》さまだからって、露《つゆ》くらい見たことあるよね？　すくなくとも真珠《しんじゅ》じゃないのはわかるよね？？　でも結局、こうやって息をするように男心《おとこごころ》をくすぐる台詞《せりふ》が言えちゃう天然《てんねん》（風《ふう》）女子《じょし》が男子にはモテるんでしょうねぇ～……）。

こぼれ話

高子《たかいこ》の心《こころ》にひびき……業平《なりひら》はなんでそんなにモテたのか

彼《かれ》は「**体貌閑麗、放縦不拘、略無才学、善作倭歌（見た目がばつぐんで、性格は自由奔放《ほんぽう》。頭は悪いが、和歌をつくるのがうまい）**」と伝わっている。現代風にいえば、超絶《ちょうぜつ》イケメンだけどおバカキャラで、ラブソングの名手！　くわえて天皇家《てんのうけ》の血をひくハイパー高貴《こうき》な生まれ。これはモテないほうがおかしい……。

大原野神社《おおはらのじんじゃ》
平安京《へいあんきょう》をまもるとされている神社で、藤原《ふじわら》氏の氏神《うじがみ》。藤原《ふじわら》氏の一族に女子が生まれると、その娘《むすめ》が中宮《ちゅうぐう》や皇后《こうごう》になれるようこちらにお参りをするなど、ゆかりの深い場所。このため、p136の歌の中の“大原《おおはら》や”“小塩《おしお》の山”というのは藤原《ふじわら》氏から皇后《こうごう》になった高子《たかいこ》のことをあらわしていると考えられる。

ようしゃなく雨風がふきつける闇《やみ》のなか、行くあてもなくさまよう恋人《こいびと》たち……。THE《ザ》・愛《あい》の逃避行《とうひこう》といった雰囲気《ふんいき》のとってもロマンチックなシチュエーションですが、世の中そんなにあまくありません。

ふたりはまもなく発見され、つれもどされた高子《たかいこ》は業平《なりひら》からひきはなされて入内《じゅだい》。正式に天皇《てんのう》の女御《にょうご》になってしまいました。

失恋《しつれん》した業平《なりひら》はたいへんなショックをうけて「**自分なんてこの世に必要ない人間なんだ。都《みやこ》にいてもしょうがないや……★**」と友人たちと各地放浪《ほうろう》の傷心《しょうしん》旅行にでかけます。

“ちはやふる〜”は恋《こい》の歌？

ほとぼりがさめたころ、業平《なりひら》は都《みやこ》にもどって高子《たかいこ》と再会《さいかい》しました。

高子《たかいこ》は、清和天皇《せいわてんのう》との間に生まれた貞明親王《さだあきら》（のちの陽成天皇《ようぜいてんのう》）の母として、すでに手のとどかない存在《そんざい》です。

しかし、業平《なりひら》はめげません。彼女《かのじょ》が小塩山《おしおやま》のふもとにある大原野神社《おおはらのじんじゃ》にお参りしたときには、高子《たかいこ》のお供《とも》をしてこんな歌を詠《よ》んでいます。

こぼれ話

各地放浪《ほうろう》の傷心《しょうしん》旅行の様子《ようす》

『伊勢物語《いせものがたり》』では業平《なりひら》とされる「男」はみずから各地放浪《ほうろう》の旅にでた、ということになっているが、実際《じっさい》には左遷《させん》されたという説もある。「東下《あずまくだ》り」の段《だん》では、「男」が、駿河国《するがのくに》（静岡県）で富士山《ふじさん》を見たり、隅田川《すみだがわ》（東京都）で都鳥《みやこどり》（ユリカモメ）を見て都《みやこ》や愛《あい》する人を思い出して泣いたりする様子《ようす》がえがかれる。

龍田川《たつたがわ》 奈良県の川。紅葉《もみじ》の名所。
現在《げんざい》の表記は竜田川《たつたがわ》、歌の表記としては立田川《たつたがわ》とも書く。

大原《おおはら》や　小塩《おしお》の山も　けふ（きょう）こそは　神世《かみよ》のことも　思ひ（い）いづらめ

「大原野《おおはらの》の小塩山《おしおやま》も、今日は、はるか昔の神話の時代のことを思い出しているでしょう」

はるか昔のことというのはもちろん、ふたりが恋人《こいびと》どうしだったときのこと。**「高子《たかいこ》、あなたも今、アノときのことを思い出しているだろう…★」**という意味なのです。わざわざむしかえすあたり、あわよくばヨリをもどしたい男心《おとこごころ》を感じますね。

これをふまえると、同じこころにつくられた、

ちはやふる　神世《かみよ》も聞かず　龍田川《たつたがわ》　から紅《くれない》に　水くくるとは

「荒《あら》ぶる神々の神話の時代にも聞いたことがありません。龍田川《たつたがわ》が（紅葉《こうよう》で）真赤《まっか》に染《そ》まるなんて」

という歌も、意味深《いみしん》に感じられます。

はたして、業平《なりひら》の歌は、高子《たかいこ》の恋心《こいごころ》をふたたび燃《も》えあがらせることができたのでしょうか？　それは、高子《たかいこ》だけが知っています。

こぼれ話

なにが意味深《いみしん》なのか？

これは高子《たかいこ》が、龍田川《たつたがわ》に紅葉《もみじ》がながれている屏風《びょうぶ》をみせたときに業平《なりひら》がおくった歌。フカヨミすれば、**「私の恋心《こいごころ》はこの真赤《まっか》に染《そ》まる龍田川《たつたがわ》のように、かつてないほど燃《も》えあがっているよ……★」**というメッセージにも受けとれるのだ！

いいね👍がいっぱい

えすえぬえす更新《こうしん》きてる
伊勢物語《いせものがたり》のやつ？
在原業平《ありわらのなりひら》がモデルだっけ
また新しい女だ
顔はいいけどクズだよね
ないわー
ちはやふる神世《かみよ》も聞かず龍田川《たつたがわ》
から紅《くれない》に水くくるとは
でも歌はいい！
じーん。
エモい…

ほーりー's解説

「ちはやふる」の歌は『伊勢物語《いせものがたり》』106段《だん》にあり。業平《なりひら》、今日もバズってます！

草の上で光っているのは…

真夜中のかけおちなんて♥
歌に詠《よ》まれちゃう♥
あのキラキラ光る玉はな…
なにかウケることをいわなくっちゃ♥！
なんだい★？
光る玉は…
タピオカかしら♥！
高子《たかいこ》はかわいいなあ★

ほーりー's解説

かけおちエピソードは『伊勢物語《いせものがたり》』6段《だん》にあり。悔《くや》しいけど、高子《たかいこ》がかわいい。

鬼《おに》の夫《おっと》、蛇《へび》の妻《つま》

ガラシャ(玉子《たまこ》)♥細《ほそ》川《かわ》忠《ただ》興《おき》

謀《む》反《ほん》人《にん》の娘《むすめ》

明《あけ》智《ち》光《みつ》秀《ひで》&熙《ひろ》子《こ》の娘《むすめ》（p20参照）として生まれた玉子《たまこ》は、その名のとおり玉のように美しい女の

玉のよう 玉、というのは丸い美しい宝石《ほうせき》のこと。玉子《たまこ》、というのは宝石《ほうせき》のような子どもという意味の名前。だんじてタマゴ（egg）ではない。

キイワード

【キリシタン】

戦《せん》国《ごく》時《じ》代《だい》末《まっ》期《き》から江《え》戸《ど》時《じ》代《だい》の、日本人のキリスト教信《しん》者《じゃ》のこと。キリスト教は天《てん》文《ぶん》18年（1549年）のフランシスコ・ザビエルの布《ふ》教《きょう》以来、日本に広がりました。織《お》田《だ》信《のぶ》長《なが》は宣《せん》教《きょう》師《し》の布《ふ》教《きょう》活動に寛《かん》大《だい》でしたが、豊《とよ》臣《とみ》秀《ひで》吉《よし》のころから制《せい》限《げん》がくわえられるようになり、江《え》戸《ど》時《じ》代《だい》に入ると徳《とく》川《がわ》家《いえ》康《やす》が禁《きん》止《し》しました。

細川忠興's PROFILE

永禄《えいろく》6年（1563年）11月13日
～正保《しょうほう》2年（1646年）12月2日

戦国武将《せんごくぶしょう》→小倉藩《こくらはん》・初代藩主《しょだいはんしゅ》。文武両道《ぶんぶりょうどう》だが超短気《ちょうたんき》、顔の傷《きず》をじまんするタイプ。

細川家《ほそかわけ》 室町幕府《むろまちばくふ》の足利将軍家《あしかがしょうぐんけ》にも近い、名門中の名門。

子でした。

ものごころつくころには、父・光秀《みつひで》は信長《のぶなが》の家臣としてメキメキ出世していたので、玉子《たまこ》は楽器などの習いごとをしながら、なに不自由なく成長。勉強もよくできました。お嬢《じょう》さまそだちなので、プライドが高く気が強いのはご愛敬《あいきょう》です。

16歳《さい》のとき、父・光秀《みつひで》の上司・織田信長《おだのぶなが》のすすめで有力武将《ぶしょう》の細川家《ほそかわけ》の嫡男《ちゃくなん》・細川忠興《ほそかわただおき》との縁組《えんぐみ》が決まり、輿入《こしい》れをします。

玉子《たまこ》と同い年の忠興《ただおき》は、16歳《さい》にしてすでに、勇敢《ゆうかん》でものおじしない、りっぱな武将《ぶしょう》として知られていました。天下一《てんかいち》(!)といわれるほどの気の短さがたまにキズですが、文化にも理解《りかい》があって、顔も美形です。

玉子's PROFILE

永禄《えいろく》6年(1563年)
～慶長《けいちょう》5年(1600年)7月17日

明智光秀《あけちみつひで》の娘《むすめ》→細川忠興《ほそかわただおき》の正室《せいしつ》。
気性《きしょう》があらかったが、キリシタンになってだいぶおちついた。
※洗礼名《せんれいめい》はガラシャ

聖地《せいち》 京都府・勝竜寺城《しょうりゅうじじょう》公園

ふたりが祝言《しゅうげん》(結婚式《けっこんしき》)をあげ、新婚《しんこん》時代をすごした城《しろ》の跡地《あとち》。

キリスト教

キリスト教は、当時日本に入ってきたばかりの新しい宗教《しゅうきょう》。幽閉《ゆうへい》生活をささえた侍女《じじょ》のひとりがキリシタンだったこともあり、その教えにひかれたようだ。玉子《たまこ》はもともとは仏教徒《ぶっきょうと》だったのだが、自分の人生を仏《ほとけ》さまがすくってくれなかったことに絶望《ぜつぼう》したのかもしれない。

ふたりはだれからみてもお似合《にあ》いの夫婦《ふうふ》で、新婚《しんこん》生活は順調そのもの。玉《たま》子《こ》は輿入《こしい》れ翌年《よくねん》に長女、その翌年《よくねん》に長男を出産しました。

しかし、3人目の子どもの妊娠《にんしん》中に、幸せな夫婦《ふうふ》生活は終わりをつげます。本能寺《ほんのうじ》の変《へん》で、父・光秀《みつひで》が織田信長《おだのぶなが》を討《う》ったため、玉子《たまこ》まで謀反人《むほんにん》の子としてみられるようになってしまい、カワイイ子どもたちと引きはなされて人里離《はな》れた山奥《やまおく》に幽閉《ゆうへい》されてしまったのです。人生ではじめてあじわう、絶望《ぜつぼう》の日々のはじまりでした。

モラハラ夫《おっと》にドンびき！

孤独《こどく》な幽閉《ゆうへい》生活をおくる玉子《たまこ》が、すくいをもとめたのはキリスト教です。

やがて、天下人《てんかびと》になった豊臣秀吉《とよとみひでよし》が玉子《たまこ》をゆるし、大坂《おおさか》の細川家《ほそかわけ》の屋敷《やしき》で生活するようになりますが、信仰心《しんこうしん》はますます強まり、夫《おっと》が戦《いくさ》で留守《るす》のあいだにこっそり洗礼《せんれい》を受けて正式にキリスト教徒になってしまいました。洗礼《せんれい》名《めい》・ガラシャ。

玉子《たまこ》、あらためガラシャは、宣教師《せんきょうし》に「**忠興《ただおき》と離婚《りこん》したい**」と相談しまし

こぼれ話

幽閉《ゆうへい》されてしまった

夫《おっと》・忠興《ただおき》は、信長《のぶなが》を超絶《ちょうぜつ》リスペクトしていた。信長《のぶなが》からもらった手紙を生涯《しょうがい》の宝物《たからもの》にするほどだ。なので、光秀《みつひで》から、親戚《しんせき》なので味方してもらえないかという誘《さそ》いがきてもスルーし、玉子《たまこ》に「**おまえの父親、信長《のぶなが》さまの仇《かたき》だから同居《どうきょ》は無理**」といって、遠くの地に幽閉《ゆうへい》したのだという。え…きゅうに冷たくない?!

ガラシャ　gracia というスペイン語に由来《ゆらい》するとされる玉子《たまこ》の洗礼名《せんれいめい》。gracia は西洋の昔の言葉・ラテン語の gràtia が変化した言葉で、感謝《かんしゃ》、愛《あい》、神の恵《めぐ》みという意味。

た。彼女《かのじょ》は夫《おっと》から、大坂屋敷《おおさかやしき》に隔離《かくり》されたうえ、異常《いじょう》な束縛《そくばく》をうけるようになっていたのです。

ある日、下働きの男が仕事中にたまたまガラシャの前をとおりかかったので、忠興《ただおき》が「**おまえ、ガラシャに気があるのか？　そうなのか？**」と問答無用《もんどうむよう》で打首にし、その血をガラシャの着物でぬぐったそうです。……**これはドンびき**💀

また別の日のこと。夫婦《ふうふ》で食事をしていたときに、ガラシャのお椀《わん》に髪《かみ》の毛《け》が入っていました。ガラシャは、これが見つかったらきっと料理人の罪《つみ》になるなと髪《かみ》の毛《け》をそっとかくしたのですが、忠興《ただおき》はそれを見のがさず、「**は？　料理人の事かばうの？　は？　なんで？　ひょっとしてあいつに気があるの？　どうなの？**」と料理人を打首にし、その首を、正座《せいざ》していたガラシャのヒザの上にのせたといいます。……**これもドンびき**💀

愛《あい》あればこそ

ただ、ヒザのうえに首をのせられたガラシャも、無言の抵抗《ていこう》のつもりでしょ

こぼれ話

隔離《かくり》されたうえ、夫《おっと》からの異常《いじょう》な束縛《そくばく》

外出は当然禁止《きんし》。自宅《じたく》に閉《と》じこめて見張《みは》りをつけ、つねにガラシャの行動を監《かん》視《し》し、忠興《ただおき》が家を留守《るす》にするときは、どういう人間が家にたずねてきて、だれが家から外出したか、すべて書面で報告《ほうこく》させた。どこまでドンびきさせれば気がすむのか💀！

伴天連追放令《ばてれんついほうれい》
天正《てんしょう》15年（1587年）に豊臣秀吉《とよとみひでよし》が発した禁令《きんれい》。キリスト教を邪法《じゃほう》として禁止《きんし》し、宣教師《せんきょうし》などを国外追放《ついほう》することを命じた。

うか、ヒザに首をのせたまま一日すごしたといいますから負けていません。

こういう態度《たいど》をみて、忠興《ただおき》が「**おまえは蛇《へび》だ**」と言うと、ガラシャは「**鬼《おに》の妻《つま》には蛇《へび》がお似合《にあ》いでしょう**」とこたえたそう。やっぱりガラシャ、負けていません。というか、忠興《ただおき》の挑発《ちょうはつ》にのらず冷静に切りかえしているあたり、むしろガラシャが一枚《まい》上手《うわて》なかんじすらします。

わかりにくいですが、忠興《ただおき》のガラシャへの束縛《そくばく》は、愛《あい》ゆえのものでした。本能寺《ほんのうじ》の変《へん》のあと、明智家《あけちけ》の人びとは謀反人《むほんにん》の一族ということで命をうばわれましたが、ガラシャだけは忠興《ただおき》がすぐに山奥《やまおく》に幽閉《ゆうへい》したために生きのびることができたのです。

大坂屋敷《おおさかやしき》に隔離《かくり》したのも、ガラシャのキリスト教入信への対処《たいしょ》。というのも、このときちょうど伴天連追放令《ばてれんついほうれい》が出され、キリスト教徒への風あたりが強くなっていたのです。

謀反人《むほんにん》の娘《むすめ》なうえに法律違反《ほうりついはん》のキリスト教徒。縁《えん》を切られても当然だったワケアリすぎる妻《つま》・ガラシャを、忠興《ただおき》なりに守ろうとした結果、「幽閉《ゆうへい》」「隔《かく》離《り》」という結論《けつろん》にいたったんですね。

ひとことでも、「**これはおまえを思ってやることなんだよ**」って事情《じじょう》を説明

こぼれ話

幽閉《ゆうへい》したのはガラシャを生かすためだった！

山奥《やまおく》に幽閉《ゆうへい》するということは、いいかえると細川家《ほそかわけ》が責任《せきにん》をもってガラシャの行動を制限《せいげん》し、監視《かんし》するということ。すこしでも明智家《あけちけ》の人間をかばうようなそぶりをみせれば細川家《ほそかわけ》まで謀反《むほん》のとばっちりを受けかねない状況《じょうきょう》だったため、忠興《ただおき》がガラシャに対してあえて冷たくふるまったのは、的確《てきかく》な対応《たいおう》だったといえる。

石田三成《いしだみつなり》　亡《な》くなった豊臣秀吉《とよとみひでよし》の有力家臣。西軍《せいぐん》の中心的な存在《そんざい》。

していれば印象は全然ちがっていたと思うんですけど、言葉が足りず、夫婦《ふうふ》の心《こころ》はすれちがってゆきました。

全戦国武将《せんごくぶしょう》が泣いた！ ガラシャの最期《さいご》

ガラシャは、キリスト教が離婚《りこん》をタブー視《し》していることもあり、無《む》の境《きょう》地《ち》で夫婦《ふうふ》生活をつづけますが、私は、彼女《かのじょ》は心《こころ》の奥底《おくそこ》では、忠興《ただおき》の妻《つま》であることにほこりをもっていたのではないかと思います。

関ケ原《せきがはら》の戦《たたか》いが起こる2か月前のこと。合戦《かっせん》をひかえた忠興《ただおき》は東軍《とうぐん》の家康《いえやす》側の陣中《じんちゅう》にいました。対する西軍《せいぐん》の石田三成《いしだみつなり》は、大坂《おおさか》にいる大名《だいみょう》の妻子《さいし》を人《ひと》質《じち》にとって味方をふやそうと考え、細川家《ほそかわけ》の屋敷《やしき》をとりかこんでガラシャをむりやり人質《ひとじち》にしようとします。

しかし、彼女《かのじょ》はまったくひるまず**「忠興《ただおき》は逃《に》げることをよしとしない人です。私は屋敷《やしき》から一歩も出ません」**と宣言《せんげん》し、自害《じがい》して果《は》てたというのです。東軍《とうぐん》についた夫《おっと》の立場を尊重《そんちょう》し、名門・細川家《ほそかわけ》の妻《つま》として、その名をはずかしめるようなことはしないのだという決意のあらわれでした。

こぼれ話

自害《じがい》して果《は》てた……ガラシャの最期《さいご》

ガラシャはみずから自分の胸《むね》を刺《さ》したとも、キリスト教が自殺を禁《きん》じているために家臣に胸《むね》を突《つ》かせたとも伝わっている。

辞世《じせい》の句《く》は、

散りぬべき　時知りてこそ　世の中の　花も花なれ　人も人なれ

［散るべきときを知っているからこそ花は美しい。人も同じなのです］

その後、ガラシャの遺体《いたい》は、敵《てき》の目にさらされないように、家臣たちによって火をかけられ屋敷《やしき》ごと爆破《ばくは》されました。

ガラシャの壮絶《そうぜつ》な最期《さいご》を聞いた忠興《ただおき》は、**「三成《みつなり》、ぜったい許《ゆる》さん！！！！！」**と猛烈《もうれつ》なうらみぶりで、関ケ原《せきがはら》の戦《たたか》いがはじまると、石田《いしだ》本隊に突《つ》っこんで136の首をあげて、東軍《とうぐん》勝利に貢献《こうけん》。

その翌年《よくねん》には、ガラシャの一周忌《いっしゅうき》をキリスト教の教会でおこないました。

亡《な》き妻《つま》を思って人前《ひとまえ》でも涙《なみだ》をおさえることができず、号泣《ごうきゅう》したといいます。

こぼれ話

東軍勝利《とうぐんしょうり》

ガラシャの壮絶《そうぜつ》な最期《さいご》は東西両軍に衝撃《しょうげき》をあたえ、西軍《せいぐん》は大名の妻子《さいし》を無理に人質《ひとじち》にとることができなくなったという。彼女《かのじょ》の死は、関ヶ原《せきがはら》の戦《たたか》いの東軍勝《とうぐんしょう》利に、間接《かんせつ》的に影響《えいきょう》をあたえたのだ。

ガラシャの抗議《こうぎ》1

ガラシャと目があったな！
おゆるしを――！
あああ
私の姿《すがた》を見ただけでも殺してしまう
なんとかできないかしら
どういうことだガラシャ
私この姿《すがた》で生きていきます

ほーりー's ツッコミ

だるまに入っちゃうと忠興《ただおき》もガラシャを見られないよ〜！ 忠興《ただおき》、いいの?!

ガラシャの抗議《こうぎ》2

お前は俺《おれ》だけを見ていればいいんだ！
わかったな！
私への愛《あい》の深さゆえとしても
忠興《ただおき》さまの束縛《そくばく》もこまったものだわ
ふう…
忠興《ただおき》さま側室《そくしつ》との間にお子がお生まれですってね
はあ?!
ガラシャもしかして怒《おこ》ってる…のか?

ほーりー's ツッコミ

だるま（ガラシャの怒《いか》り？）どんどん大きくなってるよ〜！ 忠興《ただおき》、あやまって！

八百屋《やおや》お七《しち》♥吉三郎《きちさぶろう》

キイワード

【江戸《えど》の火事《かじ》】

木造建築物《もくぞうけんちくぶつ》が密集《みっしゅう》する江戸《えど》では、火事《かじ》がおこるとたちまち燃《も》えひろがり、大きな被害《ひがい》をだすことになります。このため、放火《ほうか》は大罪《たいざい》と考えられ、死刑《しけい》のなかでもいちばん重い「火刑《かけい》（火あぶりの刑《けい》）」に処《しょ》せられました。

寺小姓《てらこしょう》
住職《じゅうしょく》のそばに仕《つか》えて雑用《ざつよう》をこなす少年。住職《じゅうしょく》や寺の人と恋愛《れんあい》関係にあることも多く、あまり人前《ひとまえ》に出ないため一般《いっぱん》人《じん》との交流もない。

天和《てんな》の大火《たいか》
天和《てんな》2年（1682年）12月28日に江戸《えど》で発生した大火事《おおかじ》。200以上の武家屋敷《ぶけやしき》と90以上の寺社が焼け、3500人もの方が亡《な》くなりました。

避難《ひなん》所での絶望《ぜつぼう》と希望

寒い風のふきあれる年《とし》の瀬《せ》、天和《てんな》の大火《たいか》で家が焼けた駒込《こまごめ》（現《げん》在《ざい》の東京都文京区《ぶんきょうく》駒込《こまごめ》）の八百屋《やおや》の娘《むすめ》・お七《しち》は、母親といっしょに近くのお寺に避難《ひなん》しました。お寺には同じように逃《に》げてきた人たちが大勢《おおぜい》いてパニック状態《じょうたい》。あちこちから泣き声がきこえてきます。

お七《しち》は、火事《かじ》で亡《な》くなったたくさんの人たちのことを思うと、**「自分だって死んでいたかもしれない。……人生って何もかもはかない夢《ゆめ》のようなものなんだな」**とやりきれない気持ちになりました。

そのとき、目の前にひとりの寺小姓《てらこしょう》があらわれます。彼《かれ》は吉三郎《きちさぶろう》という美少年で、ふだんは奥《おく》の部屋から出てこないのですが、指にトゲが刺《さ》さってしまい、日のあたる場所に移動《いどう》して毛抜《けぬ》きでしきりにトゲを抜《ぬ》こうとしていました。

はじめ、お七《しち》の母親が抜《ぬ》いてあげようとしたのですが、老眼《ろうがん》でよく見えないため、お七《しち》がよばれ、吉三郎《きちさぶろう》の手をとります。

そして、**目と目があった瞬間《しゅんかん》**。ふたりは恋《こい》に落ちました。おたがい一《ひと》

お七's PROFILE

寛文《かんぶん》8年（1668年）？
〜天和《てんな》3年（1683年）3月29日

八百屋《やおや》の娘《むすめ》。その熱《あつ》すぎる生きざまが、物語《ものがたり》はもちろん、歌舞伎《かぶき》、文楽《ぶんらく》などのヒロインとして有名。

吉三郎's PROFILE

？〜？

寺小姓《てらこしょう》。※正確《せいかく》な名前は不詳《ふしょう》で、生田庄之助《いくたしょうのすけ》とも。

聖地《せいち》 東京都・円乗寺《えんじょうじ》

お七《しち》のお墓《はか》が3つある（事件後《じけんご》にお寺の住職《じゅうしょく》がたてたもの、お七《しち》役を演《えん》じた歌舞伎《かぶき》役者がたてたもの、昭和《しょうわ》に入って近所の人がたてたもの）。

夜這《よば》い　夜、人目《ひとめ》をしのんで好きな人の寝室《しんしつ》にしのびこむこと。男性《だんせい》が女性《じょせい》のところに行くことはよくあったが、女性《じょせい》が男性《だんせい》のところに行くのはめずらしい。

目《め》ぼれ。言葉もかわさずに、しばらくジッと見つめあってしまいます。

すぐそばにお七《しち》の母がいたことに気がついて、ふたりは手をはなしますが、お七《しち》は毛抜《けぬ》きを返さずに、吉三郎《きちさぶろう》に「**あとでこれを返しにいくから**」と耳打ちしました。

夜這《よば》い決行

ふたりはひそかにつきあいはじめ、お七《しち》が避難所《ひなんじょ》にしていたお寺から出たあとも、ラブレターのやりとりをつづけました。ただ、吉三郎《きちさぶろう》は寺小姓《てらこしょう》のつとめがあるためにお寺から出られず、じっさいに会うことはできません。お七《しち》の母親もこの恋愛《れんあい》に反対でした。

お七《しち》は、大晦日《おおみそか》、新年と、時がすぎるごとに、恋人《こいびと》に会いたい思いをつのらせ、住職《じゅうしょく》が留守《るす》の嵐《あらし》の晩《ばん》に、ついに夜這《よば》いを決行（！）。寺にしのびいり、吉三郎《きちさぶろう》の布団《ふとん》の中にもぐりこみます。

吉三郎《きちさぶろう》はおどろいて目をさまし、ふるえながら、「**こんなことをしたら住職《じゅうしょく》がこわい**」といいました。するとお七《しち》も「**私もこわい♥**」とこたえます。

こぼれ話

「八百屋《やおや》お七《しち》」について①…『好色五人女《こうしょくごにんおんな》』『天和笑委集《てんなしょういしゅう》』とは

この章を書くために参考にした『好色五人女《こうしょくごにんおんな》』は事件《じけん》数年後に大坂《おおさか》で、『天和笑《てんなしょう》委集《いしゅう》』は江戸《えど》で書かれた本で、当時の人びとがいかに関心をもっていた事件《じけん》なのかがうかがえる。２冊《さつ》に書かれている細かなエピソードにちがいはあるが、おおまかな流れは一致《いっち》。

突然《とつぜん》のことでオロオロしてしまう吉三郎《きちさぶろう》、ふたりはどうすることもできず、布団《ふとん》の中で泣きました。

するとゴロゴロピッシャーン！　と大きな雷《かみなり》が落ち、お七《しち》は「**これはほんとにこわい♥**」と吉三郎《きちさぶろう》にしがみつきます。吉三郎《きちさぶろう》も思わずお七《しち》を抱《だ》きしめ、彼女《かのじょ》の手足が冷えきっていることに気がつきました。

お七《しち》はこういいます。「**手紙では私のこと好きっていってくれたのに。……こんなに体が冷えているのはだれのせい？　チュッ♥**」

これでやっと吉三郎《きちさぶろう》の男気スイッチが入り、お七《しち》の気持ちをうけいれます。

そうしてふたりは幸せな夜をすごしました。

この世では結ばれぬ恋《こい》

人の欲望《よくぼう》にはキリがありません。好きな人と手紙のやりとりをかさねれば、一度でいいから会いたいと願うようになり、一度会えれば、毎日会いたいと思うようになり……。

恋心《こいごころ》をこじらせたお七《しち》は、「**そうだ、もう一回火事《かじ》がおこれば、またお寺に**

こぼれ話

「八百屋《やおや》お七《しち》」について②…歌舞伎《かぶき》、文楽《ぶんらく》にも

「火事で家をうしなったお七《しち》が避難所《ひなんじょ》で寺小姓《てらこしょう》と出会って恋《こい》に落ち、放火して火《か》刑《けい》になる」という悲しいながらもドラマチックな実話は人びとの心《こころ》をとらえ、当時の娯楽《ごらく》である歌舞伎《かぶき》や文楽《ぶんらく》にもさかんにとりあげられた。

火刑《かけい》

火あぶりの刑《けい》のこと。木造《もくぞう》の家が密集《みっしゅう》している江戸《えど》の町では、小さな火事《かじ》でも大火災《かさい》に発展《はってん》してたくさんの犠牲《ぎせい》者がでるおそれがあるため、放火犯《ほうかはん》は凶悪犯罪《きょうあくはんざい》者として、火あぶりの刑《けい》で公開処刑《しょけい》されると決まっていた。お七《しち》ももちろん知っていたはずだが……。自分の命より、吉三郎《きちさぶろう》への恋心《こいごころ》がまさったのだろう。

避難《ひなん》できる！　そうすればあのひとに毎日会える！」というトンデモない思考《こう》におちいり、3月のある日、ついに放火《ほうか》をしてしまうのです。

火はすぐに消しとめられてボヤ騒《さわ》ぎでおわったのですが、放火《ほうか》をすれば火《か》刑《けい》に処《しょ》せられることが決まっています。捕《つか》まったお七《しち》は処刑《しょけい》までのあいだ、人の集まる場所に放火犯《ほうかはん》として身をさらされました。

〝少女が恋人《こいびと》に会いたい一心《いっしん》で命をかえりみず起こした放火騒動《ほうかそうどう》〟というセンセーショナルな事件《じけん》はたちまち評判《ひょうばん》となり、処刑《しょけい》されるお七《しち》に同情《どうじょう》の声が殺到《さっとう》します。

しかし、お七《しち》本人は運命をうけいれていました。

処刑《しょけい》当日をむかえても、とりみだすことはなく、「**私は死んでも吉三郎《きちさぶろう》さんのことを忘《わす》れません。吉三郎《きちさぶろう》さんも私のことを思って生きてくだされば、来《らい》世《せ》ではきっと夫婦《ふうふ》になれる。それがいちばんうれしい**」という言葉を母親に言いのこし、炎《ほのお》で身を焼かれてみじかい人生を終えました。

季節は、桜《さくら》が満開の春になっていました。

こぼれ話

吉三郎《きちさぶろう》のその後

吉三郎《きちさぶろう》はお七《しち》の放火事件《ほうかじけん》のときに病で寝《ね》こんでいて、事のてんまつを知ったのはお七《しち》の死から100日後だった。なにも知らなかった自分のふがいなさにショックをうけて自殺しようとするが、お七《しち》の母親にとめられ、彼女《かのじょ》の遺言《ゆいごん》をきいて思いとどまり、出家《しゅっけ》して僧侶《そうりょ》になったという。

心《こころ》のままに

これがバレたらと思うと僕《ぼく》は恐《おそ》ろしいよ
私だって怖《こわ》いわ
きみは全然平気そうにみえるけど
そんなことないわ
ガッ
ひっ
怖《こわ》あああい♥
嘘《うそ》だ!

ほーり一's 解説

このとき、お寺の住職《じゅうしょく》たちは葬儀《そうぎ》でお出かけ中だったようです♥

自分に嘘《うそ》はつかない

かわいそうにまだ子どもじゃないか
歳《とし》はいくつだ
16です
そこは15と言え
子どもなら死刑《しけい》はまぬがれるぞ
いやよ子どもじゃないわ16ったら16!バカにしないで
私は大人よ!
う一ん…

※当時、子どもの死罪《しざい》はなるべく避《さ》けることになっていた。15歳《さい》なら子どもとみなされる。

ほーり一's 解説

じっさいにある逸話《いつわ》。大人は救おうとしたけど、本人の覚悟《かくご》は決まっていたのです。

胸《むね》キュン通信 5

愛《あい》のカタチetc《エトセトラ》・～戦国時代《せんごくじだい》を例に～

♥戦場でひとめぼれ?! 交際《こうさい》ゼロ日婚《にちこん》

美濃《みの》（岐阜県）岩村城《いわむらじょう》は女城主《おんなじょうしゅ》・**おつやの方《かた》**（本名不明のため通称《つうしょう》）がおさめていました。天《てん》正元年《しょうがんねん》（1573年）、武田家《たけだけ》の武将《ぶしょう》・**秋山虎繁《あきやまとらしげ》**が岩村城《いわむらじょう》を攻《せ》め落《お》とそうと包囲したとき。虎《とら》繁《しげ》が提案《ていあん》した講和《こうわ》の条件《じょうけん》は、**「私と結婚《けっこん》してください！」**。おつやの方《かた》はこれを受けいれて、ふたりは結婚《けっこん》。戦《いくさ》は回避《かいひ》されたそうです。どうしてそうなった（笑）?! おたがい一目ぼれだったのかもしれませんね。

♥おたがいのためを思って?! 別居婚《べっきょこん》

わずか7歳《さい》で立花城《たちばなじょう》の女城督《おんなじょうとく》※となった**立花誾千代《たちばなぎんちよ》**は男まさりな性格でした。13歳《さい》のときに婿養子《むこようし》・**宗茂《むねしげ》**をむかえますが、結婚《けっこん》から5年、宗茂《むねしげ》が柳川城《やながわじょう》を拝領《はいりょう》してこの地に移《うつ》った直後から別居《べっきょ》生活に入ります。このことからふたりは不仲だったといわれています。でもほんとにそうでしょうか？ 宗茂《むねしげ》は「西国無双《むそう》」と評《ひょう》された猛将《もうしょう》。気が強い誾千代《ぎんちよ》とは意見がぶつかることも多かったでしょう。離《はな》れて暮《く》らしたほうがケンカもなく、かえっておたがいのことを思いやれたのかも。夫婦《ふうふ》にとっての正解《せいかい》は、その夫婦《ふうふ》にしかわかりません。

♥命がけの絆《きずな》のあかし?!　同性《どうせい》の恋人《こいびと》

戦場に女性《じょせい》はつれていけませんので、戦国武将《せんごくぶしょう》には同性《どうせい》の恋人《こいびと》がいました。職場恋愛《しょくばれんあい》のようなイメージです。ただし職場《しょくば》は戦場なので命がけですし、「子どもをつくる」という義《ぎ》務《む》感で結ばれているわけでもないので、かえって純粋《じゅんすい》な恋愛《れんあい》と考えられていたようです。

信松院《しんしょういん》（松姫《まつひめ》）の父・武田信玄《たけだしんげん》は、源助《げんすけ》という恋人宛《こいびとあて》に書いた手紙が残っていて、**〝俺《おれ》が浮気《うわき》をしたという噂《うわさ》がたっているけど、誤解《ごかい》だから！　本命は源助《げんすけ》だから!!　嘘《うそ》じゃないから！！！　神様に誓《ちか》うから！！！！！〟**という内容《ないよう》。必死！

また、伊達政宗《だてまさむね》も只野作十郎《ただのさくじゅうろう》という恋人《こいびと》に、浮気《うわき》をうたがったことを謝《あやま》る手紙を送っていて**〝お酒飲んでたからよく覚えてないんだけど、ホントにゴメン！　お前が浮気《うわき》してるって言ってるやつがいて、そんなことあるはずないと思ったんだけど、酔《よ》った勢《いきお》いでつい……ホントにホントにゴメン！〟**という内容《ないよう》。必死!!

恋人宛《こいびとあて》の手紙が数百年後に読まれちゃうなんて、チョット気の毒ですね。

※城督《じょうとく》…城《しろ》の軍事指揮《しき》をまかされた人

『胸《むね》キュン?! 日本史』年表

おまけ

飛鳥時代《あすかじだい》

- 538年ごろ　日本に仏教《ぶっきょう》が伝来する。
- 593年～　聖徳太子《しょうとくたいし》が推古天皇《すいこてんのう》の摂政《せっしょう》として政治《せいじ》をおこなう。
- 622年　聖徳太子《しょうとくたいし》が亡《な》くなり、蘇我氏《そがし》（蘇我馬子《そがのうまこ》）の専政《せんせい》がはじまる。
- 645年（大化元年《たいかがんねん》）　中大兄皇子《なかのおおえのおうじ》・中臣鎌足《なかとみのかまたり》らが蘇我入鹿《そがのいるか》を暗殺《あんさつ》（乙巳《いっし》の変《へん》）。大化《たいか》の改新《かいしん》はじまる。
- 668年　中大兄皇子《なかのおおえのおうじ》が即位《そくい》し天智天皇《てんちてんのう》となる。大海人皇子《おおあまのおうじ》が皇太弟《こうたいてい》に。
- 672年　大海人皇子《おおあまのおうじ》が挙兵《きょへい》、大友皇子《おおとものおうじ》（弘文天皇《こうぶんてんのう》）がやぶれる（壬申《じんしん》の乱《らん》）。飛鳥浄御原宮《あすかきよみはらのみや》に遷都《せんと》する。
- 673年　大海人皇子《おおあまのおうじ》が即位《そくい》し天武天皇《てんむてんのう》となる。

菩岐岐美郎女《ほききみのいらつめ》♥聖徳太子《しょうとくたいし》

額田王《ぬかたのおおきみ》♥大海人皇子《おおあまのおうじ》

奈良時代《ならじだい》

- 710年（和銅《わどう》3年）　平城京《へいじょうきょう》に遷都《せんと》する。
- 752年（天平勝宝《てんぴょうしょうほう》4年）　東大寺大仏開眼供養《とうだいじだいぶつかいげんくよう》がなされる。

光明皇后《こうみょうこうごう》♥聖武天皇《しょうむてんのう》

平安時代《へいあんじだい》

- 794年（延暦《えんりゃく》13年）　平安京《へいあんきょう》に遷都《せんと》する。
- 842年（承和《じょうわ》9年）　承和《じょうわ》の変《へん》起こる。
- 1000年（長保《ちょうほう》2年）　藤原道隆《ふじわらのみちたか》の娘《むすめ》・定子《ていし》が皇后《こうごう》に、藤原道長《ふじわらのみちなが》の娘《むすめ》・彰子《しょうし》が中宮《ちゅうぐう》になる。

高子《たかいこ》（二条后《にじょうのきさき》）♥在原業平《ありわらのなりひら》

定子《ていし》♥一条天皇《いちじょうてんのう》

室町時代《むろまちじだい》

- 1338年（延元《えんげん》3年／暦応元年《りゃくおうがんねん》）　足利尊氏《あしかがたかうじ》が征夷大将軍《せいいたいしょうぐん》に就任《しゅうにん》。
- 1467年（応仁元年《おうにんがんねん》）　応仁《おうにん》の乱《らん》が起こる（～1477年）。
- 1549年（天文《てんぶん》18年）　フランシスコ・ザビエルがキリスト教を伝える。
- 1560年（永禄《えいろく》3年）　織田信長《おだのぶなが》が桶狭間《おけはざま》の戦《たたか》いで今川義元《いまがわよしもと》をやぶる。
- 1568年（永禄《えいろく》11年）　織田信長《おだのぶなが》が京に入る。
- 1571年（元亀《げんき》2年）　織田信長《おだのぶなが》が比叡山延暦寺《ひえいざんえんりゃくじ》を焼きうちにする。
- 1573年（元亀《げんき》4年）　室町幕府《むろまちばくふ》がほろびる。

熙子《ひろこ》♥明智光秀《あけちみつひで》

お市《いち》♥浅井長政《あざいながまさ》

織田信長《おだのぶなが》

安土桃山時代《あづちももやまじだい》

- 1582年（天正《てんしょう》10年）　織田信長《おだのぶなが》が本能寺《ほんのうじ》の変《へん》で明智光秀《あけちみつひで》に討《う》たれる。山崎《やまざき》の戦《たたか》いで明智光秀《あけちみつひで》が羽柴秀吉《はしばひでよし》にやぶれる。
- 1585年（天正《てんしょう》13年）　羽柴秀吉《はしばひでよし》あらため豊臣秀吉《とよとみひでよし》が関白《かんぱく》となる。
- 1590年（天正《てんしょう》18年）　豊臣秀吉《とよとみひでよし》が全国を統一《とういつ》する。
- 1598年（慶長《けいちょう》3年）　豊臣秀吉《とよとみひでよし》が醍醐《だいご》の花見を開催《かいさい》。
- 1600年（慶長《けいちょう》5年）　関ケ原《せきがはら》の戦《たたか》いで、東軍《とうぐん》（徳川家康《とくがわいえやす》）が西軍《せいぐん》（石田三成《いしだみつなり》）をやぶる。

ガラシャ（玉子《たまこ》）♥細川忠興《ほそかわただおき》

松姫《まつひめ》♥織田信忠《おだのぶただ》

お寧《ね》♥豊臣秀吉《とよとみひでよし》

見性院《けんしょういん》♥山内一豊《やまうちかずとよ》

各時代のトピックと、今回紹介《しょうかい》したカップルのラブラブ期をざっくり記します。参考にしてね！

鎌倉時代《かまくらじだい》

1016年（長和《ちょうわ》5年）　藤原道長《ふじわらのみちなが》が摂政《せっしょう》になり、以後道長《みちなが》の勢力《せいりょく》が強くなる（1027年の道長《みちなが》死去まで）。

1156年（保元元年《ほうげんがんねん》）　保元《ほうげん》の乱《らん》起こる。

1159年（平治元年《へいじがんねん》）　平治《へいじ》の乱《らん》起こる。

1160年（永暦元年《えいりゃくがんねん》）　源頼朝《みなもとのよりとも》が伊豆《いず》に流される。

北条政子《ほうじょうまさこ》♥源頼朝《みなもとのよりとも》

1185年（文治元年《ぶんじがんねん》）　壇ノ浦《だんのうら》の合戦《かっせん》で平家《へいけ》がほろぶ。諸国《しょこく》に守護《しゅご》・地頭《じとう》を設置する。

静御前《しずかごぜん》♥源義経《みなもとのよしつね》

1189年（文治《ぶんじ》5年）　源義経《みなもとのよしつね》が亡《な》くなる。源頼朝《みなもとのよりとも》が奥州《おうしゅう》を平定《へいてい》する。

1192年（建久《けんきゅう》3年）　源頼朝《みなもとのよりとも》が征夷大将軍《せいいたいしょうぐん》に就任《しゅうにん》。鎌倉《かまくら》幕府《ばくふ》を開く。

1199年（建久《けんきゅう》10年）　源頼朝《みなもとのよりとも》が亡《な》くなる。

1221年（承久《じょうきゅう》3年）　承久《じょうきゅう》の乱《らん》が起こる。六波羅探題《ろくはらたんだい》が設置《せっち》される。

1274年（文永《ぶんえい》11年）　文永《ぶんえい》の役《えき》が起こる。

1281年（弘安《こうあん》4年）　弘安《こうあん》の役《えき》が起こる。

1333年（元弘《げんこう》3年）　鎌倉《かまくら》幕府《ばくふ》がほろびる。

1336年（延元元年《えんげんがんねん》／建武《けんむ》3年）　室町幕府《むろまちばくふ》の成立。

江戸時代《えどじだい》

1603年（慶長《けいちょう》8年）　徳川家康《とくがわいえやす》が征夷大将軍《せいいたいしょうぐん》となり、江戸《えど》幕府《ばくふ》を開く。

愛姫《めごひめ》♥伊達政宗《だてまさむね》

1613年（慶長《けいちょう》18年）　禁教令《きんきょうれい》が全国に出される。

竹林院《ちくりんいん》♥真田信繁《さなだのぶしげ》（幸村《ゆきむら》）

1614年（慶長《けいちょう》19年）　大坂《おおさか》冬の陣《じん》が起こる。

1615年（元和元年《げんながんねん》）　大坂《おおさか》夏の陣《じん》で豊臣家《とよとみけ》がほろぶ。武家諸法度《ぶけしょはっと》・禁中並公家諸法度《きんちゅうならびにくげしょはっと》が制定《せいてい》される。

1639年（寛永《かんえい》16年）　鎖国《さこく》が完成する。

1677年（延宝《えんぽう》5年）　松尾芭蕉《まつおばしょう》、俳諧《はいかい》の宗匠《そうしょう》となる。

1682年（天和《てんな》2年）　江戸《えど》で天和《てんな》の大火《たいか》がおこる。

八百屋《やおや》お七《しち》♥吉三郎《きちさぶろう》

1716年（享保元年《きょうほうがんねん》）　八代将軍《しょうぐん》・徳川吉宗《とくがわよしむね》による享保《きょうほう》の改革《かいかく》がはじまる（〜1745年）。

1853年（嘉永《かえい》6年）　アメリカ使節《しせつ》ペリーが浦賀《うらが》に来航《らいこう》。

1854年（安政元年《あんせいがんねん》）　日米和親条約《にちべいわしんじょうやく》が結ばれる。

1862年（文久《ぶんきゅう》2年）　生麦事件《なまむぎじけん》が起こる。

和宮《かずのみや》♥徳川家茂《とくがわいえもち》

1866年（慶応《けいおう》2年）　坂本龍馬《さかもとりょうま》の立会いで薩長連合《さっちょうれんごう》の密約《みつやく》がなされる。

お龍《りょう》♥坂本龍馬《さかもとりょうま》

1867年（慶応《けいおう》3年）　十五代将軍《しょうぐん》・徳川慶喜《とくがわよしのぶ》により大政奉還《たいせいほうかん》がなされ、江戸幕府《えどばくふ》が終わる。王政復古《おうせいふっこ》の大号令《だいごうれい》が発せられる。

♥ エピローグ

ココだけの話ですけどね。

じつは私、これまで書いてきたことのほとんどを、大人になってから知りました。

学校の授業《じゅぎょう》で聖徳太子《しょうとくたいし》はとりあげられても、菩岐岐美郎女《ほききみのいらつめ》の話にはなりませんでした。『枕草子《まくらのそうし》』は習っても、一条天皇《いちじょうてんのう》と定子《ていし》の悲劇《ひげき》にはふれられませんでした。

「歴史」や「古典」を習う前に、もしくは習っているときに、彼《かれ》ら彼女《かのじょ》らの〝胸《むね》キュン〟エピソードを知っていたら、もっと楽しく、より深く、その時代背景《はいけい》や物語の世界観を理解《りかい》できたんじゃないかな。そんな風に思ったことが、この本を書いた動機です。

〝胸《むね》キュン〟つまり、恋愛《れんあい》というテーマが学校の授業《じゅぎょう》でとりあげられる機会は、そんなに多くはないと思います。

でも、他人と他人が深くかかわりあって、恋人《こいびと》や夫婦《ふうふ》として、ひとつの道を歩むというのは、人生においてとても大切なことです。

それは〝日本史〟においても同じ。北条政子《ほうじょうまさこ》と源頼朝《みなもとのよりとも》が結ばれなかったら、徳川家茂《とくがわいえもち》の妻《つま》が和宮《かずのみや》でなかったら、歴史は変わっていたでしょう。静《しずか》と義経《よしつね》が恋人《こいびと》同士でなかったら、高子《たかいこ》と

在原業平《ありわらのなりひら》が大恋愛《れんあい》をしなかったら、私たちを楽しませてくれる物語のかずかずが生まれることはなかったでしょう。つまり、けっこう〝胸《むね》キュン〟って、歴史を動かしているんです。

学校では教えてくれないし、教科書にはのっていませんが、「歴史」や「古典」であつかわれる人びとも、誰《だれ》かと恋《こい》をしたり、愛《あい》しあったり別れたりしていました。

そんな一面を知るたびに、歴史上の人物も自分たちと同じように生きていた人間なんだなと実感できて、「〝日本史〟って、おもしろいな」と、私は思います。

この本を読んで、あなたにも同じように感じてもらえたなら、とてもうれしいです。

最後になりましたが、カラフルでポップなかわいいイラストを描《えが》いてくださった瀧波《たきなみ》ユカリ先生、くすっと笑えてその人物がもっと好きになる4コマまんがを描《えが》いてくださったRICCA《リッカ》先生には感謝《かんしゃ》してもしきれません。また、私自身は〝胸《むね》キュン〟とはほど遠い生活をしており(笑)、担当者・集英社の石川景子さんにたくさん助けていただきました。ほかにも、この本をつくることに協力してくださった、たくさんの皆様《みなさま》にこの場をお借りしてお礼申し上げます。

なにより、ここまで読んでくれたあなたに心《こころ》から感謝《かんしゃ》を。

またどこかでお会いしましょう!

ほーりーこと　堀口《ほりぐち》　茉純《ますみ》

♥ 参考文献《ぶんけん》

『完訳フロイス日本史』ルイス・フロイス／著 松田毅一 川崎桃太／訳 中公文庫

『寛政重修諸家譜』三上参次／編 国民図書

『改定 史籍集覧』（「浅井三代記」「朝倉始末記」）近藤瓶城／編 臨川書店

『浅井国幹遺稿 浅井氏家譜大成 古医方小史』矢数道明／解説 医聖社

『近江浅井氏の研究』小和田哲男／著 清文堂

『浅井長政のすべて』小和田哲男／編 新人物往来社

『朝倉家録』富山県郷土史会／編 富山県郷土史会

『渓心院文』国立公文書館所蔵／内閣文庫

『朝倉義景記』国立公文書館所蔵／内閣文庫

『明智光秀 史料で読む戦国史3』藤田達生 福島克彦／編 八木書店古書出版部

『大日本史料』東京大学史料編纂所／編纂 東京大学史料編纂所

『日本俳書大系 第2巻（芭蕉時代第2）（蕉門俳諧前集）』勝峰晋風／編 春秋社

『明智光秀公夫人熙子さんと時衆称念寺』高尾察誠／著 称念寺発行

『松姫さま 武田信玄息女』北島藤次郎／著 講談社出版サービスセンター

『松姫さま四百年祭』信松院

『信長公記』太田牛一／著 奥野高廣 岩沢愿彦／校注 角川ソフィア文庫

『武功夜話』吉田蒼生雄／訳 新人物往来社

『増訂 織田信長文書の研究（上巻・下巻）』奥野高廣／著 吉川弘文館

『池田勝入斎信輝公小伝』蔵知矩／編修 池田家岡山事務所

『日本書紀』坂本太郎 家永三郎 井上光貞 大野晋／校注 岩波文庫

『上宮聖徳法王帝説』東野治之／校注 岩波文庫

『聖徳太子御伝叢書』高楠順次郎 望月信亨／編 金尾文淵堂

『聖徳太子伝暦』国立国会図書館所蔵

『吾妻鏡』龍粛／訳註 岩波文庫

『日本文學大系（15巻・16巻）源平盛衰記』国民図書

『新訂 承久記』松林靖明／校注 現代思潮新社

『北条政子 人物叢書新装版』渡辺保／著 吉川弘文館

『日本古典文学大系 新装版 曾我物語』市古貞次 大島建彦／校注 岩波書店

『新日本古典文学大系 太閤記』檜谷昭彦 江本裕／校注 岩波書店

『豊臣秀吉公治世諸侯分限帳・太閤素生記』山内文庫

『秀吉記』小和田哲男／著 新人物往来社

『北政所おね』田端泰子／著 ミネルヴァ書房

『坂本龍馬』松浦玲／著 岩波新書

『龍馬の手紙』宮地佐一郎／著 PHP文庫

『全書簡現代語訳 坂本龍馬からの手紙』宮川禎一／著 教育評論社

『史料が語る 坂本龍馬の妻 お龍』鈴木かほる／著 新人物往来社

『キング』大日本雄弁会講談社

『新編日本古典文学全集 栄花物語』山中裕 池田尚隆 秋山虔 福長進／校注・訳 小学館

『新編日本古典文学全集 大鏡』橘健二 加藤静子／校注・訳 小学館

『新編日本古典文学全集 枕草子』松尾聡 永井和子／校注・訳 小学館

『新日本古典文学大系8 後拾遺和歌集』久保田淳 平田喜信／校注 岩波書店

『義経記』佐藤謙三 小林弘邦／訳 東洋文庫

『国史大系 続徳川実紀』黒板勝美／編 吉川弘文館

『静寛院宮御日記』正親町公和／編　皇朝秘笈刊行会
『再夢紀事』中根雪江／著　日本史籍協会
『岩倉公実記』多田好問他／編　皇后宮職
『近世日本国民史　和宮御降嫁』徳富蘇峰／著　講談社学術文庫
『勝海舟』江藤淳／編　中央公論社
『徳川将軍家の結婚』山本博文／著　文春新書
『徳川家茂とその時代　若き将軍の生涯』徳川恒孝／監修　徳川記念財団
『光明皇后　人物叢書』林陸朗／著　吉川弘文館
『帝王聖武』瀧浪貞子／著　講談社選書メチエ
『続日本紀』宇治谷孟／著　講談社学術文庫
『藩翰譜』新井白石他／著　吉川半七
『一豊公御武功附御伝記』山内文庫
『検証・山内一豊伝説―「内助の功」と「大出世」の虚実』渡部淳／著　講談社現代新書
『山内一豊と千代―戦国武士の家族像―』田端泰子／著　岩波新書
『山内一豊　負け組からの立身出世学』小和田哲男／著　ＰＨＰ新書
『真田信繁　幸村と呼ばれた男の真実』平山優／著　角川選書
『真田三代　幸綱・昌幸・信繁の史実に迫る』平山優／著　ＰＨＰ新書
『真武内伝』（山岸重郷　写本）
『伊達政宗言行録　木村宇右衛門覚書』小井川百合子／編　新人物往来社
『仙台藩史料大成（伊達治家記録）』平重道／責任編集　宝文堂出版販売
『伊達政宗、最期の日々』小林千草／著　講談社現代新書
『伊達政宗の手紙』佐藤憲一／著　新潮選書
『万葉集』山田英雄　佐竹昭広他／校注　岩波文庫
『現代語訳　藤氏家伝』沖森卓也　佐藤信　矢嶋泉／訳　ちくま学芸文庫
『額田王　人物叢書』直木孝次郎／著　吉川弘文館
『伊勢物語』永井和子／訳・注　笠間文庫
『大和物語』雨海博洋　岡山美樹／著　講談社学術文庫
『在原業平～雅を求めた貴公子～』井上辰雄／著　遊子館
『綿考輯録』土田将雄　今谷明　石田晴男／編　出水神社
『細川ガラシャ』田端泰子／著　ミネルヴァ書房
『好色五人女』井原西鶴／著　岩波文庫
『新燕石十種　第5（天和笑委集）』国書刊行会
『お七火事の謎を解く　江戸東洋ライブラリー』黒木喬／著　教育出版
『真説八百屋お七』小鯖英一／著　竜渓書舎
『日本婚姻史』高群逸枝／著　至文堂
『平安朝の結婚制度と文学』工藤重矩／著　風間書房
『平安朝の生活と文学』池田亀鑑／著　ちくま学芸文庫
『戦国史料叢書』中村孝也他／監修　人物往来社
『岩村町史』岩村町史刊行委員会／編　岩村町

〈デジタル化資料閲覧〉

♥国立国会図書館デジタルコレクション
http://dl.ndl.go.jp/

♥東京大学史料編纂所データベース
http://wwwap.hi.u-tokyo.ac.jp/ships/db.html

♥国立公文書館デジタルアーカイブ
https://www.digital.archives.go.jp/

♥国文学研究資料館
日本古典籍総合目録データベース
http://base1.nijl.ac.jp/~tkoten/

♥ジャパンナレッジ
http://japanknowledge.com/personal/

Profile

堀口茉純《ほりぐちますみ》 ♥ 著 & モテメイク講座イラスト

歴史作家、女優、歴史タレント（"お江戸《えど》ル ほーりー"としても活躍中）。東京都足立区出身。著書は『TOKUGAWA15（フィフティーン）徳川将軍15人の歴史がDEEPにわかる本』（草思社）、『江戸はスゴイ』（PHP新書）など多数。資格は江戸文化歴史検定1級、ドラえもん検定博士号など。
https://hoollii.com/

瀧波《たきなみ》ユカリ ♥ イラスト（カバー・本文）

まんが家、エッセイスト。北海道出身。著書は『臨死!! 江古田ちゃん』『モトカレマニア』（ともに講談社）、『ありがとうって言えたなら』（文藝春秋）など多数。
https://takinamiyukari.com/

RICCA《リッカ》♥ 4コマまんが & ほーりーミニキャライラスト

まんが家、イラストレーター。群馬県出身。集英社みらい文庫の「伝記シリーズ」イラスト、学習まんがなどでも活躍。歴史好きでしばしば好きな武将や文豪の聖地巡礼にも赴く。

ブックデザイン　大野真琴（株式会社鷗来堂　組版装幀室）
校閲・組版　株式会社鷗来堂

胸《むね》キュン?! 日本史《にほんし》

2020年3月10日　第1刷発行

著《ちょ》　堀口茉純《ほりぐちますみ》
イラスト　瀧波《たきなみ》ユカリ
4コマまんが　RICCA《リッカ》

発行者　北畠輝幸
発行所　株式会社集英社
〒101-8050
東京都千代田区一ツ橋2-5-10
【編集部】03-3230-6144
【読者係】03-3230-6080
【販売部】03-3230-6393（書店専用）
印刷所　凸版印刷株式会社
製本所　株式会社ブックアート

ISBN978-4-08-288103-0　C8021